KB165405

시간과 돈을 벌어주는
딱 쉬운 정리법

시간과 돈을 벌어 주는
딱 쉬운 정리법

김주현 지음

공감

사람을 살리고 부를 만드는 정리의 매력

정리는 사람을 살리는 의사요, 부자로 가는 지름길이다. 시작할 수 있는 용기와 힘을 주고 이는 곧 성과로 이어진다. 정리를 만나면 환경이 바뀌고 환경이 바뀌면 머무는 사람이 바뀐다. 정리는 원하는 삶을 살게 해 주는 강력한 도구다. 나는 정리를 사랑한다. 내 직업은 정리수납강사다.

올해로 결혼 20주년을 맞았다. 이 책도 결혼 20주년을 자축하는 귀한 선물이 될 것 같다. 결혼하고 정리수납강사가 되기 전, 10년을 쓸고 닦고 아이들 챙기며 살림하는 재미에 푹 빠져 있었다. 소소한 일상을 사진과 짧은 글로 남기기 시작했다. 그 기록이 정리수납 공모전에서 대상을 받는 결정적인 역할을 했다. 정리수납전문가로 활동하기 전의 일이다.

살림하는 사람을 두고 '집에서 논다'라는 표현을 하지만 그 말이 무색할 만큼 바쁘게 살았고 만족도 컸다. 하지만 그런 와중에도 가끔씩 알 수 없는 허전함이 있었는데 어느 순간 이 공허한 마음과 작별하는 계기가 찾아왔다. 정리를 만나고부터다.

보고 자란 환경이 무섭다는 말이 있다. 어릴 때부터 정리된 환경에서 자란 덕분에 뼛속까지 정리였다. 여기에 전업주부생활 10년의 알찬 경력이 더해 46살에 내 인생의 터닝 포인트를 만났다. 내가 잘하고 좋아하는 일, 정리수납전문가가 되었고 올해로 10년이다. 초보 강사시절엔 강의보다 고객 집을 직접 정리하는 컨설팅을 많이 했다. 컨설팅 횟수가 늘어날수록 물건으로 힘들어하는 많은 고객을 보면서 물건을 하나씩 비우기 시작했다. 그리고 틈틈이 관련서적을 읽었다. 책으로 인한 간접경험과 밥 먹듯 일상이 된 정리 그리고 컨설팅이라는 경험이 더해지면서 자신감도 생겼다. 책에서 본 내용을 하나둘 적용하며 작은 성공경험이 쌓여갔고 어느 순간 가끔씩 올라오던 허전한 마음이 봄눈처럼 녹아내렸다. 정리는 겉모습이 아닌 오롯이 내면에 집중하게 만드는 힘이 있다.

사용하지 않은 물건을 비우고 나누며 생긴 빈 공간은 허전함 대신 여유로움으로 가득 찼다. 이 여유는 곧 공부에 대한 열정으로 이어져 평생교육사, 코치 등 다양한 자격증을 취득했다. 자격이 갖추어짐에 따라 기회도 많아졌다. 어쩌면 하찮게 생각하는 정리, 살림을 꾸준히 한 결과 10년이라는 경력단절의 고리를 끊고 적성을 살린 직업을 만났다. **하나는 또 다른 하나를 낳는다**'는 내가 가장 좋아하는 말이다. 평범한 주부가 강사가 되고 유튜버가 되고 작가가 되면서 N잡러가 되었다. 지금도 여전히 배우고 알아가는 재미에 빠져 있다. 경험이 자산이다.

지금의 나는 비움과 꾸준함의 산물이다. 비움은 곧 선물이다. 시작할 수 있는 힘을 주고, 진정한 휴식을 준다. 이로 인한 에너지는 성과로 이어진다. 자신 있게 말한다. 비움은 가족을 살리고 사람을 살리는 최고의 방법이며 정리는 진정한 부로 가는 가장 쉽고 확실한 통로라고!!

이 책은 이런 분들에게 추천한다.
정리가 어렵게 느껴지거나 방법을 모르는 분
정리로 스트레스를 받거나 버리기가 힘든 분
정리해도 티가 나지 않거나 금방 되돌아와서 고민인 분

답답하고 불안하며 무기력한 분

자녀가 나를 닮을까 봐 고민인 분

살림을 재밌게 하고 싶은 분

이사 가지 않고 이사효과를 내고 싶은 분

자녀에게 좋은 습관을 물려주고 싶은 분

무엇인가를 시작하기에 늦었다고 생각되는 분

N잡러를 꿈꾸는 분

성과를 내고 싶은 분

행복한 실버, 상쾌한 노후를 꿈꾸는 분

터닝 포인트, 빛나는 인생2막을 꿈꾸는 분 등

공간은 그 공간에 머무는 사람을 말한다. 지금 바로 내 주변을 둘러보자. 나는 어떤 사람인가? 이 책은 나의 경험과 수많은 수강생을 만나면서 보고 듣고 느낀 점을 토대로 쓴 만큼 시작하려는 분들에게는 용기가 될 수 있다. 또한 이미 시작한 분들에게는 지속할 수 있는 힘을 주는 귀한 선물이 되리라 믿는다. 이 시점에서 해야 할 일이 있다. **'나는 이 책을 읽고 반드시 한 가지 이상은 온전한 내 것으로 만든다.'**는 목표를 세우는 것이다. 이 작은 실천은 훗날 꿈을 이루어주는 강력한 불씨가 될 거라 확신한다.

"귀한 실천을 다짐하신 독자님, 시간과 돈을 벌어 주는 행복한 정리는 오늘 지금 즉시가 답입니다. 지금 시작합시다!"

봄꽃 만발한 2022년 4월
아~ 좋다의 공간, 서재에서 정리메신저
김주현 드림

| 목차 |

1장 정리할 시점은?

4장 편리한 '채움'

1장 ——————————————————
정리할 시점은?

먹지 않으면 살 수 없다. 뭐라도 먹어야 산다. 정리도 크게 다르지 않다. 정리되지 않은 공간에서는 에너지를 얻는 대신 빼앗긴다. 몸도 마음도 서서히 지쳐간다. 나가는 물건 없이 지속적으로 들어오기만 한다면 포화상태는 불 보듯 뻔한 일이다. 물건이 사람을 공격하며 주인 행세를 한다.

그렇다면 에너지를 얻는 공간, 사람이 주인인 공간은 어떻게 만들 수 있을까? 정리하면 된다. 정리란 단순히 물건을 치우는 것이 아니다. 불필요한 물건은 배출하고 필요한 물건은 제자리를 정하고 집을 만들어주는 것이다. 사용 후 제자리에 돌려놓으면 평생 유지되는 시스템을 구축하는 것이다. 정리를 하면 시간이 절약되고 공간은 최대 1.5배까지 넓어진다. 집중력이 올라가고 심신이 편안해지며 에너지 절약과 편리함까지 그 효과는 무궁무진하다.

코로나19와 함께 집은 단순한 주거공간을 넘어 멀티 공간이 되었다. 내가 머무는 공간, 내가 사는 집은 어떤 의미가 있는가? 특별히 바라는 게 있는가? 집 본연의 목적은 하루의 피로를 풀고 다음날을 위한 에너지를 충전하는 곳이다. 원하는 나름의 목적이 있을 테다. 재택근무나 체력단련 또는 학습 공간이 될 수도 있고, 취미를 담아내는 공간이 되기도 한다. 다양한 기능을 효과적으로 담아내려면 정리가 필요하다. 그렇다면 정리는 도대체 언제 해야 하는가? '지금이 정리할 때'라는 대표적인 정리 시점 7가지를 알아보자.

01
물건을 찾아 헤매거나
생활이 불편하다면

안 쓰는 물건, 안 입는 옷을 버리지 않고 사기만 한다면 어떻게 될까? 한정된 공간으로 언젠가는 포화상태를 맞는다. 포화상태에 이른 집에서 원하는 물건을 단번에 찾기란 쉽지 않다. 남편이나 아이가 어느 날 갑자기 찾는 물건을 바로 찾을 수 있는가? 바로 찾을 수 없다면 지금이 정리할 시점이다. 잡동사니로 가득한 서랍 속 물건, 열어본 지 오래라면 지금 바로 열어보자.

02
'시간이 없다'는 말을 달고 산다면

평소 시간이 없다는 말을 달고 산다면 나와 나를 둘러싼 환경을 돌아보자. 머무는 공간에 물건이 지나치게 많은 건 아닌지, 건강을 해칠 정도로 일 욕심을 내고 있지는 않은지, 배움에 대한 조바심으로 지나치게 많이 시도하고 있는 건 아닌지 살펴보자. 평소 내가 어떤 말을 많이 하는지 모르겠다면 녹음 기능을 활용하면 된다. 내가 하는 말과 내가 머무는 공간은 곧 나를 말한다. 시간이 없다는 말을 자주 한다면 정리할 시점이다.

03
집이 좁아
이사를 생각하고 있다면

집이 좁아 이사를 가야 한다고 생각된다면 버릴 물건은 없는지부터 살펴보자. 좁다고 느끼는 것은 사용하지 않는 물건이나 여유분을 지나치게 많이 보관하고 있기 때문이다. 쓰지 않은 물건을 비우고, 비운 공간을 활용한 가구 재배치만으로도 충분히 이사효과를 낼 수 있다. 돈이 들지 않으며 누구나 할 수 있는 일이다.

04
답답하고 불안하며 무기력하다면

물건이 많이 쌓인 집은 먼지도 많고 환기가 어려워 밝은 기운보다 무겁고 습한 음의 기운이 강하다. 이런 환경은 사람을 지치게 만들고 의욕을 꺾는다. 매스컴에 종종 등장하는 경우를 봐도 알 수 있다. 우울증이 있는 사람을 보면 짐을 많이 쌓아두고 있는 경우가 많다. 특별한 이유 없이 답답하고 불안하며 매사 무기력하다면 내가 주로 머무는 공간을 둘러보자. 물건이 지나치게 많이 쌓여 있다면 나뿐만 아니라 가족, 나아가 동료의 건강을 위해서라도 정리하는 시간을 갖자.

05
성과가 나지 않거나
효율이 떨어져 고민이라면

　열심히 했지만 좀처럼 성적이 오르지 않는 경우 그리고 하루 종일 바빴는데 지나고 보면 '하루 종일 뭐했지?'라는 생각이 들 때도 있다. 정리되지 않은 환경은 의욕을 떨어뜨린다. 집중할 수 있는 분위기인 환경설정이 중요하다. 똑같은 상황이지만 정리된 환경에서는 집중력이 올라간다. 늘 분주하고 성과가 나지 않아 고민이라면 지금이 정리할 시점이다.

06
혼자 하는 정리로 힘들다면

교육과정을 진행하며 정말 많이 듣는 말이 있다. "우리 집에 정리하는 사람은 저밖에 없어요. 도와주지는 못할 망정 쓰고 나면 제자리에 갖다놓기라도 해야 되는데 그것조차도 안 돼요. 어떻게 하면 될까요?"이다. 정리는 가족 모두가 함께해야 한다. 누가 정리를 했더라도 나머지 가족들은 쓰고 나면 제자리에 둬야 한다. 내가 쓴 물건은 내가 정리하자. 평소 잘 도와주지 않는다면 내가 벗은 양말을 빨래 통에 넣거나 다음 사람을 위해 수건을 꺼내 걸어두는 작은 배려로 시작해보자. 정리는 어느 한 사람의 몫이 아니다. 정리는 함께 해야 오래가고 꾸준히 해야 성과로 이어진다.

07
돈이 모이지 않는다면

부자 되기는 모두의 관심사다. 우리는 누구나 부자를 꿈꾼다. 물려받은 재산으로 된 부자는 관리능력이 있어야 부를 유지할 수 있다. 후천적인 부자, 즉 만들어지는 부자도 하루아침에 되는 게 아니다. 전자든 후자든 부자가 되려면 정리정돈은 기본 중의 기본이다.

작지만 우리 집 물건의 재고파악으로 낭비를 줄이는 것도 버는 것 못지않게 중요하다. 정리정돈을 통해 돈이 새는 구멍을 막아야 한다. 열심히 했는데 돌아오는 보상이 없다면 힘이 빠진다. 돈이 모이지 않는가? 그렇다면 더 이상 미루지 말고 정리하자. 정리를 통한 쾌적한 공간과 작은 성공경험은 더 큰 일을 할 수 있는 원동력이 된다. 결국 정리는 부자로 가는 지름길이다.

2장

사람을 살리는
'비움과 나눔'

진행하고 있는 정리수납전문가과정에서는 전반적인 정리수납 방법에 대해 배운다. 그리고 수강생은 배운 대로 정리해서 전후 사진을 올린다. 강사는 사진을 보며 피드백을 하고 수강생은 피드백대로 수정한다. 이 과정에서 수강생의 실력이 향상되고 휴식이 있는 건강한 집으로 거듭난다.

정리는 삶이다. 삶을 위한 필수 요소다. 정리는 언제나 쓰지 않는 물건을 비우는 것으로 시작한다. 비움은 정리의 시작이자 마지막이라고 해도 과언이 아니다. 정리를 어렵게 느끼는 분들의 특징은 공간에 비해 물건이 많다는 점이다. 쓰는 물건이 아니라 쓰지 않은 물건으로 몸살을 앓는 공간이요, 집이다.

연세가 드신 분일수록 버리는 것을 힘들어하는 경우가 많다. 가난을 겪은 분들이다.지금 충분히 살 만하지만 어려운 시절을 보내며 몸에 밴 절약습관 때문이다. 또 하나는 수입이 끊기고 통장잔고가 줄어들면서 허전함에 뭐라도 잡고 싶은 심리적인 부분도 있다. 그럼에도 불구하고 **소유를 위한 물건인지 사용을 위한 물건인지** 생각해야 한다. 물건은 보관이 아니라 사용할 때 비로소 빛을 발한다. 비우기와 수납방법은 8:2라고 보면 된다. 따라서 사용하지 않는 물건을 비우지 않고 편리한 생활을 기대할 수 없다. 수납방법보다 중요한 것이 비우기다. 비교로 인한 불행이 아닌 비유로 행복한 삶을 주는, 현명하게 비우는 방법에 대해 알아보자.

01
언제 입었는지 기억조차 없는 옷

버리기 어려워하는 대표주자인 옷은 어떤 기준으로 비우면 좋을까? 버리는 기준은 사람마다 다르다. 흔히 말하는 합리적인 기준은 **최근 1~2년 내에 입지 않은 옷은 앞으로도 입을 일이 없으니 비워도 좋다**고 한다. 옷이 많은 사람은 1~2년을 가늠하기도 쉽지 않다. 이럴 때 옷을 구입하면 세탁라벨 안쪽에 구입 년 월을 적어두면 좋다. 안 입는 옷임에도 불구하고, 구입한 지 얼마 되지 않는 옷이라는 착각에 버리지 못하는 경우도 많다. 그런 측면에서 도움이 될 만하다. 라벨에 제조년월이 있지만 언제나 신상품을 사는 게 아니기 때문에 적어 두는 것도 한 방법이다. 옷장 문을 열고 입은 기억조차 가물거리는 옷이 있다면 과감하게 배출하자.

02
외출복은 절대 실내복이 될 수 없다

외출복을 정리하며 조금 작아졌거나 유행이 지난 옷 앞에 늘 하는 말들이 있다. **"집에서 한번 입고 버릴게요. 일단 두세요."** 넓은 집으로 이사를 가지 않은 이상 비워야 공간이 생긴다. 집에서 한번 입고 버린다는 건 외출복이 실내복으로 용도만 바뀔 뿐 전체적인 양에는 변함이 없다. 대부분의 외출복은 실내복이 될 수 없다. 왜냐하면 편안함의 정도가 다르기 때문이다. 실내복으로 남겨두더라도 입지 않고 결국 자리 차지만 하게 된다. 다시 한 번 당부하고 싶은 말은 입지 않는다는 결론이 나면 나눔이나 비움을 통해 배출하자. 미루지 말고 바로 실천하자. 그래야 정리가 된다. 비워야 제대로 채울 수 있다.

03
언젠가를 위한 물건은 비워도 좋다

사용 여부를 물어보면 "지금 쓰지는 않는데……."라면서 말끝을 흐린다. 배출 여부를 물으면 "일단 둘게요. 쓸 일이 생길 수도 있을 것 같아서요."라고 한다. 못 버리는 이유를 물어보면 비슷한 대답이다. 누구나 공감하는 부분이다. 버리고 쓸 일이 생겨서 후회한 적이 있었는지 돌아보자. 우리가 버릴까 말까 고민하는 것을 보면 아주 사소한 물건들이다. **"버린 만큼 홀가분하게 살고 필요하면 그때 하나 사자."** 가볍게 생각하라고 조언한다. 비싼 물건은 당연히 신중하게 생각해야 한다. **언제 사용할지도 모르는 그 언젠가를 위한 물건은 비우길** 권한다.

비우기가 힘들다면 **남길 것을 찾는 것도 한 방법**이다. 버린다는

데 대한 죄책감에서 벗어나 조금은 가볍게 할 수 있다. 보다 미니멀한 옷장을 원한다면 이 방법을 활용해보자. 집 평수를 절반으로 줄여 이사를 간다고 가정했을 때, 가지고 가는 옷도 절반으로 줄여야 한다. 이럴 때 어떻게 할 것인지 생각해보자. 버릴 옷을 빼기보다 가지고 갈 좋아하는 옷만 골라담게 된다. 입지않는 옷과 불편한 옷을 비워낸 옷장은 편리한 옷장, 설레는 옷장이 된다. 버릴 옷을 빼기 힘들다면 대신 남길 옷을 골라보자.

04
지금, 이 옷을 입고 외출할 수 있는지

못 버리는 데는 나름의 이유가 많다. 여성들의 경우 대표적인 품목이 옷이다. 옷장 문을 열면 약속이라도 한 듯 이구동성으로 "옷은 많은데 입을 옷이 없다"고 한다. 입지 않은 옷을 두고 왜 스트레스를 받을까? 스스로에게 질문해 보자. 옷은 계절에 상관없이 지금 입을 수 있는 옷만 남기자. '지금 이 옷을 입고 중요한 사람을 만날 수 있는지 여부'를 생각하자. 그러면 작거나 큰 옷, 유행에 현저히 뒤처진 옷은 비워야 한다. 옷을 소유하는 심플한 기준이다. 옷장 안에 입는 옷만 두면 설레는 옷장이 된다. 옷이 하나의 인격체로 느껴지면서 옷에 대한 감사의 마음이 들며 옷을 대접하게 된다.

05
망설여지는 물건은 정면 돌파가 답이다

비움 앞에는 누구나 망설임이 있다. 오죽하면 못 버리는 병이라고 하겠는가. 지금 입지는 못하지만 비싸게 주고 샀거나 애착이 있는 옷은 잘 버리지 못한다. 그런데 이런 옷은 대부분 드레스 룸 깊숙이 모셔두기를 한다. 그렇게 하는 순간 배경처럼 자리 차지만 하게 된다. 이렇게 망설여지는 물건은 정면 돌파가 답이다. 예를 들면 망설여지는 옷을 잘 보이는 공간, 왕래가 잦은 공간에 두면 왔다 갔다 하면서 보게 된다. 일주일이 지나고 한 달이 지나도 입지 않는다면 좀 더 쉽게 비울 수 있다. 입지 않고 쓰지 않은 물건을 버리지 못하겠다면 **보이지 않는 곳에 모셔두기가 아닌 잘 보이는 곳에 두고 보면서 해결하는 정면 돌파가 답이다.**

06
비움과 나눔 실천

수업에서도 마찬가지다. 집안 곳곳을 정리하며 물건을 전부 꺼내는 작업을 한다. 그리고 배운 대로 나름의 기준을 가지고 정리를 시작하는데 이전에는 버리려고 생각지도 않았던 많은 여분의 물건을 꺼내면서 자연스럽게 동료들 사이에 나눔이 이루어진다.

사진을 찍어 공유하면 필요한 사람이 댓글을 달고 다음 수업에 가지고 와서 직접 나눔을 실천하는 형식이다. 비움과 나눔으로 더 행복한 시간이다.

인생이 빛나는 비움 & 나눔

3장

평생 유지되는
든든한 '정리 공식'

질문을 많이 받는다. "정리를 해도 금방 되돌아오는데 어떻게 하면 되나요?"이다. 정리한 모습이 정리 이전으로 되돌아가는 현상이 반복되는 이유를 생각해보자. 무슨 일이든 원인을 알아야 해결도 할 수 있다. 대표적인 원인 3가지를 보자. 첫 번째 습관이다. 계획소비가 아닌 충동구매를 하거나 미루는 습관이다. 두 번째는 못 버리는 병이다. 사용하지 않는 물건을 비롯해 물건을 지나치게 많이 가지고 있는 경우이다. 세 번째는 물건의 제자리, 즉 지정석이 없다는 것이다. 편리한 사용을 위해서는 물건마다 제자리가 있어야 하는데 제한된 공간에 물건이 많다 보니 지정석을 만들 수 없는 것이다. 이런 복합적인 이유로 정리가 힘들게 느껴지고 또 정리를 하더라도 이내 흐트러지는 현상이 반복되는 것이다. 정리한 모습을 유지할 수 있는 든든한 정리공식을 알아보자.

01
수납방법보다 중요한 비우기

집이 좁게 느껴지면 넓은 집으로의 이사를 생각한다. 좁게 느껴지는 원인은 크게 2가지로 볼 수 있다. 첫 번째는 가족 수에 비해 물리적인 공간이 작은 경우이고, 두 번째는 사용하지 않은 물건, 즉 버려야 할 물건을 많이 가지고 있는 경우다. 후자의 경우는 사용하지 않은 물건을 버리면 어느 정도 해결이 된다. 하지만 대부분의 사람들은 단순히 집이 좁다는 물리적인 여건에만 치중하고 버린다는 생각은 하지 않는다. 전자든 후자든 안 쓰는 물건을 버리는 정리를 통해 해결의 실마리를 찾을 수 있다. 설령 넓은 집으로 이사를 간다고 하더라도 비우지 못하거나 충동구매 등 소비습관을 개선하지 않는다면 이내 물건이 쌓이고 점점 더 넓은 집을 찾게 될 것이다. **비우지 않는 수납은 유지하기 어렵다. 그 어떤 수납방법보다 중요한 비우기다. 더하기보다 더 가치로운 빼기다.**

02
우리 집도 마트처럼
종류별로 끼리끼리

마트나 서점을 떠올리면 좋다. 마트에 가면 식용유, 참기름, 올리브유 등 기름이 함께 있고, 국수와 스파게티면 등 면류가 함께 있다. 우유와 치즈 등 유제품도 함께 있다. 서점에 가도 경제경영, 건강취미, 여행, 자기계발, 사회정치 등 장르별로 구분되어 있다. 많은 종류의 물건이나 책이 제자리가 없이 여기저기 흩어져 있다고 생각해보자. 아마 원하는 물건을 찾아 하루 종일 헤맬지도 모른다. 집도 마찬가지다. **우리 집을 마트라고 생각하고 같거나 비슷한 것끼리 분류한 후에 제자리인 지정석을 만들자.**

03
겹치지 말고 책처럼 세우기

접어서 수납하는 옷이나 대부분의 서랍을 보면 겹쳐서 수납하고 있다. 그러다보면 아래에 있는 물건이나 옷은 보이지 않아 찾는 과정에서 정리된 공간이 이내 흐트러지고 사용하기도 불편하다. 이럴 때 해답이 세우는 수납이다. 예를 들면 개는 옷은 사각형으로 접어 세워서 수납하고, 거실장의 물건도 각각의 집을 만들어 책처럼 세워서 수납하는 것이다. 이렇게 **책처럼 세우는 수납의 장점은 공간 활용에 좋고, 서랍 속 모든 물건이 한눈에 들어와 꺼내 쓰기가 편리하다.** 사용이 불편하거나 공간이 좁게 느껴진다면 책처럼 세워서 수납하자.

04
선반은 서랍처럼

선반이 많으면 정리가 잘 된다는 생각에 가능한 한 선반을 많이 만든다. 하지만 블랙홀이 되기 쉬운 선반은 제대로 된 사용이 필요하다. 안으로 밀려들어가면 알 수 없고 눈에 띄지 않아 사고 또 사게 되는 행동의 반복으로 낭비를 낳는다. 이럴 때 해답은 선반을 서랍처럼 사용하는 것이다. 이를테면 **깊은 선반에는 바구니나 상자를 넣어 당겨내서 쓸 수 있게 서랍기능을 만들자.** 한눈에 보여 찾기 쉽고 불필요한 낭비를 줄일 수 있으며 편리하다. 유지의 비결이 된다.

05
한 번의 동작으로

어느 공간이든 가득 채우지 않는 게 중요하다. 답답하게 보이는 데다 꺼내기가 불편하다. 예를 들어 꽉 채우면 10벌을 걸 수 있는 행거에 10벌을 걸면 2~3번 손이 가야 꺼낼 수 있다. 대신 7~8벌만 건다면 한 손으로 한 번의 동작으로 쉽게 꺼낼 수 있다. 우리 집에 있는 **모든 물건을 꺼낼 때 가능하면 한 번의 동작으로 꺼낼 수 있게 하자.** 힘들여 정리한 모습을 잘 유지하려면 하나를 사면 하나를 비워야 한다. **꽉 채우지 말자. 적정선을 정하고 그 선을 넘지 않도록 한다.** 무엇이든 쉽게 할 수 있어야 지속할 수 있다.

06
일등석 만들기

정리를 할 때 전부 꺼내고 분류해 비우는 작업을 먼저 한다. 그러면 사용하는 물건만 남게 되는데 사용하는 물건도 자주 사용하는 것과 가끔 사용하는 것으로 분류한다. 자주 사용하는 것은 손닿기 쉬운 곳에 둬야 편리하다. 어느 공간이든 마찬가지다. **자주 사용하는 물건은 꺼내기 쉬운 일등석에 배치하자. 일등석의 높이는 배-가슴 높이가 가장 좋다.** 손을 조금 위로 뻗더라도 발뒤꿈치를 들거나 몸을 숙이지 않는 정도의 높이도 좋다.

07
집 만들고 이름표 붙이기

우리 집에 있는 **모든 물건에 제자리(지정석)가 있다**고 생각하면 쉽다. 우리도 집이 있어 집으로 들어온다. 가정 내에서도 각자의 방이 있다. 물건도 마찬가지다. 샴푸, 치약, 칫솔 등 여분의 생필품이 집안 곳곳에 흩어져 있는 경우가 많다. 찾아 쓰는데 시간도 많이 걸리고 불편하다. 이럴 때 사용하는것과 보관용을 분리하면 좋다. 한 예로 사용하는 건 욕실에 두고 나머지 보관용은 팬트리나 욕실 가까운 곳에 수납하면 찾을 때 헤매지 않는다. 불필요한 시간낭비, 에너지 소모를 줄일 수 있다.

집집마다 주소와 이름을 적은 문패가 있듯이 집에 있는 물건에도 주소(지정석)를 정하고 이름표를 달아주자. 종류별로 끼리끼리 모아둔 바구니나 상자, 대용량을 사서 덜어 먹는 양념이나 조미료 통에도 이름표를 붙이자. 예를 들어 식품코너에 카레를 보관하는 바구니에 있다고 하자. 이때 이름표를 붙여주면 카레바구니가 비어 있을 때에도 다른 식품을 넣지 않게 된다. 반면에 이름표가 없을 경우 다른 식품을 넣게 되면서 질서가 무너진다. 주방은 주부만 사용하는 게 아니다. 함께하는 가족을 위해 **지정석을 만들고 이름표를 붙이는 작은 행동은 유지의 비결이며 자기주도적인 삶으로 이어진다.**

이름표를 붙이는 라벨링 도구로는 출력해서 붙이는 라벨기가 있고, 흔히 말하는 건출지가 있다. 이름표는 누구나 알아볼 수 있도록 쉽고 간단하게 적으면 된다. 출력하거나 라벨지를 이용하는 방법 외에 지퍼백 등에 직접 쓰고 지울 수 있는 키친 마카 등 여러 가지가 있다.

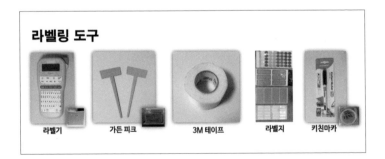

라벨링 도구

라벨기　　가든 피크　　3M 테이프　　라벨지　　키친마카

4장

편리한 '채움'

금전운의 '주방 편'

01
주방 정리 순서

1. 싱크대 문을 활짝 열고 머릿속으로 설계도를 그린다.

2. 싱크대 안의 용품을 전부 꺼내면서 끼리끼리 분류한다.

3. 필요한 것만 남긴다(비우고 나누기).

4. 자주 쓰는 것과 가끔 쓰는 것을 분류한다.

5. 수납한다.

동선 고려 | 자주 사용하는 그릇

주방에서 가장 중요한 것은 **동선을 고려한 수납**이다. 동선은 그 물건을 쓰는 장소 가까이에 두는 것이다. 예를 들어 겉절이를 한다고 가정해보자. 야채를 씻기 위해서는 볼과 채반이 필요하다. 이때 볼과 채반은 개수대 아래에 두면 바로 꺼내 쓸 수 있어 요리시간을 단축할 수 있다. 동선을 고려한 수납이다.

매일 쓰는 그릇 (개수대 바로 위)

1. 앞뒤 이중 **수납**   2. 위 아래 2단 **수납**

매일 쓰는 그릇은 꺼내고 넣기 쉬운 개수대 바로 위 상부장이 좋

다. 자주 사용하는 그릇 중에 모양과 크기가 다른 그릇은 한 번의 동작으로 꺼내쓸 수 있도록 가능한 한 포개지 않는게 좋다. 그릇이 많아 수납이 힘들 경우 앞뒤 이중수납 또는 선반을 활용한 위아래 2단 수납으로 해결할 수 있다. 이렇게 우리 집에 있는 모든 물건은 **'자주 사용하는지' '가끔 사용하는지' 구분해서 수납**하면 편리하다. 버리는 정리나 제자리를 찾아주는 수납만큼이나 중요한 **사용빈도와 동선을 고려한 수납**이다.

03
접시 수납

　접시를 보자. 모양과 크기가 서로 다른 접시를 탑처럼 쌓아서 수납한다면 아래에 있는 큰 접시를 꺼내기 위해서는 위에 있는 접시를 무겁게 들어야 하는 번거로움이 있다. 이럴 때 **접시를 세워서 수납하면 크기별로 하나씩 빠르고 쉽게 꺼낼 수 있으며 공간도 절약**된다. 세워서 수납할 수 있는 도구로는 집에 있는 **파일박스**나 시중에 판매하는 **접시스탠드**가 있다. 제사나 행사가 많아 보관용 접시가 많다면 **플라스틱 책꽂이**도 유용하다.

종류가 많다면 세우기

| 쌓기 (X) | 접시 스탠드 | 파일 박스 | 책꽂이 |

되도록 무거운 그릇이나 물건은 머리보다 높은 곳에 수납하지 않는 게 좋다. 꺼내기 불편한 데다 떨어질 염려가 있어 위험하다. 나이가 들면서는 안전을 생각해 상부장보다는 하부장 위주의 수납이 좋고 구조 변경을 한다면 상부장 높이를 낮추는 것도 한 방법이다.

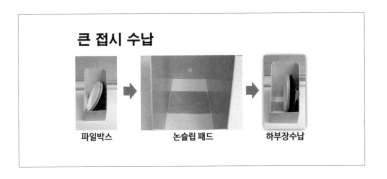

큰 접시 수납

파일박스   논슬립 패드   하부장수납

무거운 큰 접시는 안전한 하부장에 수납하자. 쌓기보다는 세워서 수납할 수 있는 책꽂이와 파일박스가 좋다. 파일박스 크기에 비해 접시 수가 적을 때에는 쓰러질 수 있는데 이럴 때 **논슬립 패드를 작게 잘라서 깔아주면** 안정감 있는 수납이 가능하다.

그릇 정리

04
이럴 때는 바구니

자잘한 소스 그릇이 많을 경우 정리를 해도 지저분해 보일 수 있다. 특히 손닿기 쉬운 곳이 아니라면 꺼내기도 불편하다. 이럴 때에는 바구니나 상자를 활용하자. 쓰러지기 쉬운 **플라스틱 물통**은 집을 만들어 주는 게 좋다. 마시는 **차도 종류가 많다면** 자주 마시는 차, 가끔 마시는 차, 뜯지 않은 보관용으로 구분하자. 차는 전기포트나 커피머신 가까이에 수납하면 동선이 짧아 편리하다.

차(Tea) 정리

종류별 빈도별

끼리끼리 집 만들기

작은 찻잔, 소스 그릇은 바구니 수납

차(Tea) 정리

05

밀폐용기, 냄비, 프라이팬
자리가 따로 있다

밀폐용기 자리가 따로 있다고? 밀폐용기는 요리나 반찬을 해서 담을 때 사용한다. 동선을 고려한 편리한 위치는 **가스레인지 부근이 가장 좋다.** 상부장이든 하부장이든 상관없이 편한 공간에 수납하면 된다. 종류가 많다면 사용빈도별, 크기별, 모양별, 재질별로 구분해서 수납하면 된다. 수납공간이 부족할 때에는 뚜껑을 분리한 후 본체는 겹치고 뚜껑은 별도로 세워서 수납하면 공간을 효율적으로 사용할 수 있다. 밀폐용기를 지나치게 많이 가지고 있는 경우가 많은데 밀폐용기도 유통기한이 있다. 일반적으로 1~2년이다. 가족의 건강을 위해서 밀폐용기 전부 꺼내 점검하고 교체하는 시간을 가져보자. 프라이팬이나 냄비를 사용하기 위해서 몇 걸음이나 떼고 있는가? 신축 아파트나 구조 변경을 한 경우 하부장에 넓고 깊은 서랍이 있는데 프라이팬이나 냄비를 수납하는 용도로 사용하면 좋다. **프라이팬**은 꺼내자마자 바로 가스레인지 위에 올리게 된다. 요리 동선을 감안하면 **가스레인지 아래 수납이 적당하다. 냄비**의 경우 일반적으로 국이나 찌개를 끓이는 용도로 사용하는데 물을 받아서 사용하는 경우가 많기 때문에 **개수대 아래가 적당하다.** 그럼에도 불구하고 우리 집의 구조나 쓰임새에 따라 달라질 수 있다. 수납에는 정답이 없다. 사용자가 편리하면 된다.

동선 고려 | 끼리끼리 수납

냄비도 프라이팬도 가능한 한 겹치지 않는 게 좋다. 겹치다보면 코팅이 벗겨질 수 있고 꺼내 쓰기도 불편하다. 그리고 다시 한 번 강조하자면 **자주 사용하는 것과 가끔 사용하는 보관용을 분리해서 수납**하자는 거다. 꺼내기 쉬운 공간에는 자주 쓰는 것 위주로 수납하고, 가끔 쓰는 보관용은 보조 주방으로 보내자. 프라이팬도 파일박스나 전용정리대를 활용해 세우면 편리하다.

냄비 프라이팬 정리, 밀폐용기 및 물통 정리

06
종류별로 끼리끼리 앞으로 나란히

컵 수납은 정수기 부근이 좋다. 정수기가 없다면 물을 마시고 세척하기 편한 개수대와 가까우면 좋다. 컵을 수납할 때 일반적인 방법은 맨 뒤쪽에 키가 큰 컵을 놓고 앞쪽으로 올수록 작은 컵을 놓는, 키높이를 고려한 수납을 많이 한다. 하지만 그렇게 하면 뒤쪽에 있는 컵을 꺼낼 때 앞쪽에 있는 컵을 먼저 꺼내거나 불편함을 감수하고 조심스럽게 꺼내야 한다. 이럴때는 계단식 수납이 아닌 같은 종류의 컵은 세로로 한줄 즉 '**앞으로 나란히**' 수납이 답이다. 예를 들면 **세로로 맥주컵 한 줄, 와인 잔 한 줄, 소주컵 한 줄 식으로 수납하는 방법**이다.

편의점 음료수의 진열방식과 동일하다. 앞에서 봤을 때는 각기 다른 모양과 키로 깔끔함은 덜하지만 한눈에 들어와 선택의 폭이 넓고 꺼내기 편리하다는 장점이 있다. 용도가 다른 컵 외에 일반적인 머그컵이나 물 컵의 경우 자주 사용하는지 그렇지 않은지만 구분해도 충분하다.

컵 수납

가로 수납, 계단식 (X)

편의점 음료

같은 종류의 컵은 앞으로 나란히 (O)

컵 정리

07
식품 | 조리도구 | 양념 정리

식품은 습기가 있는 곳을 피해서 수납해야 한다. 개수대 바로 위나 아래, 가스레인지 위쪽은 습기가 모이기 쉬운 공간이다. 따라서 가능한 한 피해야 한다. 특히 건어물이나 가루 종류는 습기에 민감하므로 보관 시 주의를 기울이자. 부득이한 경우에는 밀폐용기를 이용해 완벽하게 밀봉을 해야 한다. 통조림, 꿀, 기름, 간장 등이 많다면 컵처럼 세로로 한 줄씩 수납하면 좋다. 재고파악이 쉽고 사용이 편리하다.

조리 도구 | 양념 정리

종류별로 끼리끼리, 각각의 집 만들기, 자주 사용 VS 보관용 분리 수납

주방 유지 애프터 TIP

❶ 동선을 고려한 수납

❷ 자주 쓰는 그릇은 일등석 만들고, 사용 후 제자리에 돌려놓기

❸ 식품이나 용품, 여유분 많이 사지 않기

건강운의 '냉장고 편'

01
냉장고 정리 순서

1. 냉장고 문을 활짝 열고 선반 서랍 문짝에 무엇을 넣을지 설계도를 그린다.

2. 전부 꺼내면서 끼리끼리 분류한다.

3. 유통기한이 지났거나 상한 음식은 버린다.

4. 대용량은 소분한다.

5. 수납한다.

6. 유지한다(정해진 바구니에 들어갈 만큼만 구입하기).

02
선반 사용설명서

    냉장고 용량이 커지면 옆으로 커지는 게 아니라 안으로 깊어진다. 안으로 밀려들어간 식품은 알 수가 없고 꺼낼 수도 없다. **냉동실 선반에는 바구니를 넣어 서랍처럼 당겨서 사용하자.** 어떤 음식이 있는지 알기 쉬워, 버려지는 음식 없이 알뜰하게 먹을 수 있다. 낭비를 줄일 수 있다. 그리고 **자주 먹는 반찬은 쟁반이나 바구니를 활용하여 한 곳에 두면 편리하다.** 냉장고에 사용하는 바구니는 에너지 절감효과와 신선도 유지를 위해 냉기순환이 잘 되는 구멍 뚫린 제품이 좋다. **반찬 양이 줄었다면 작은 용기에 옮겨 담아** 공간을 효율적으로 사용하자. 먹다 남은 반찬은 잘 보이는 한 곳에 모아 두면 음식물쓰레기를 줄이고 낭비 없이 먹을 수 있다. **반찬 용기수를 줄이자.** 대부분의 냉장고 선반은 크고 작은 반찬통이 아슬아슬하게 쌓여 있다. 반찬 종류도 많지만 같은 반찬통이 여러 개가 있다. 꺼

낸 시기가 다른 김치를 전부 따로 보관해서다. **먹다 남은 김치는 한
통에 모아서** 볶음밥이나 김치찌개로 활용하면 좋다. 특히 김칫국물
같은 경우는 시원한 콩나물국을 비롯해 각종 국이나 찌개를 끓일
때 요긴하게 활용할 수 있다.

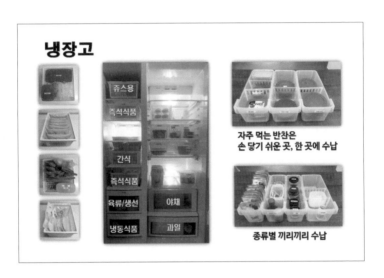

냉장고에서 온도유지가 가장 잘되는 곳은 서랍이다. 따라서 서랍
에는 온도에 민감한 육류나 생선, 냉동식품을 수납하고 상대적으로
온도가 높은 문짝에는 건어물이나 가루 종류를 수납하면 좋다. 그리
고 **위아래로 나눠진 양문형 냉장고의 경우 평소엔 한쪽 문만 열고도
꺼낼 수 있도록 자주 먹는 반찬이나 식품은 오른쪽 또는 왼쪽 등 한쪽
으로 모아서 수납**하자. 편리와 에너지 절감효과까지 볼 수 있다.

03
서랍 사용설명서

    냉장고 서랍은 용량에 따라 2~3개가 있다. 2개일 경우 야채와 과일로 나눠 수납한다. 야채 칸 서랍을 예로 들어보자. 한 통으로 되어 있는 서랍에 버섯, 당근, 무, 부추 등 다양한 야채가 함께 들어 있다. 단단함의 정도가 다른 야채가 한 곳에 들어 있다 보면 서랍을 열고 닫을 때 서로 부딪혀 쉽게 무르고 보관 중에 버려지는 경우가 많다.

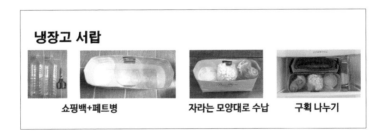

냉장고 서랍

| 쇼핑백+페트병 | 자라는 모양대로 수납 | 구획 나누기 |

    제대로 된 보관으로 음식물 쓰레기를 줄일 수 있는 방법을 알아

보자. 결론은 종류별 끼리끼리 수납이 답이다. 어떤 서랍을 막론하고 서랍은 작게 나누면 나눌수록 편리하다. 냉장고 서랍도 마찬가지다. 집에 넘쳐나는 **쇼핑백을 냉장고 서랍보다 조금 낮게 접어 넣고 각각 무른 야채, 덜 무른 야채, 단단한 야채로 구분하자.** 이때 가능한 한 **야채가 자라는 모양대로 세워서 수납**하면 신선함이 오래간다. 쇼핑백과 페트병, 플라스틱 우유 통을 활용해 팽이버섯, 당근, 고추 등 각각의 야채를 하나의 집에 하나씩 세워서 수납하는 방식이다.

  공간을 나눠 사용하면 한눈에 보여 편리하고, 바로 꺼낼 수 있으니 전기세를 줄일 수 있다. 또한 신선도 유지로 음식물 쓰레기를 줄일 수 있어 일석다조다. 생활 속에서 흔하게 구할 수 있는 재활용품을 활용한, 누구나 할 수 있는 쉬운 냉장고 정리다.

04
문짝 사용설명서

냉장고 문짝은 낮아서 안정적인 수납이 어렵다. 이를 위한 다양한 문짝용기가 많이 나와 있다. 사각형, 원형 등 종류도 다양하다. 공간의 낭비를 줄이기 위해서는 사각형이 좋다. 그리고 지퍼백을 활용하는 경우가 많은데 지퍼백보다는 용기가 편리하다. **집에 있는 적당한 밀폐용기를 충분히 활용하자.** 지퍼백을 사용할 경우 냉동실이라면 튼튼한 **이중 지퍼백을 사용**하자.

냉장고 문짝 등 수납공간에 비해 양이 적어서 **흔들린다면 북스탠드를 활용**하자. 또한 쌓을 수 있는 문짝 전용 용기가 아닌 작은 밀폐용기 여러 개를 쌓을 경우 떨어져 위험할 수 있다. 냉동실 문짝에 안전장치 없이 낱개로 쌓아둔 식품은 흉기나 다름없다. 이럴 때는 **키 큰 북스탠드나 아크릴판이 있다면** 가드를 만들어준다는 느낌으로 수납공간 앞쪽에 끼우면 안정적인 수납이 가능하다.

냉장고 문짝

우유통+페트병

북스탠드로 흔들림 고정

문짝에 보관하는 소스는 사용 시 흘러내릴 수 있고, 다양한 모양의 용기로 잘 쓰러질 수 있다. 이럴 때는 서랍과 마찬가지로 우유통, 우유팩, 페트병을 활용해 각각의 집을 만들면 쓰러지지 않고 안정감있게 사용할 수 있으며 무엇보다 청소하기가 쉽다.

05
소분으로 끝까지 신선하게

　대용량의 식품은 소분하는 게 중요하다. 소금이나 설탕, 간장 등을 대용량으로 구입했다면 반드시 덜어서 사용하자. 육류나 건어물도 마찬가지다. 소분하지 않고 통째로 쓸 경우 뚜껑을 열 때마다 공기와 접촉해 맛도 떨어진다. 대용량을 구입했다면 적절하게 소분하자. 음식을 많이 만들었다면 가족이 한 번 먹을 분량 또는 1인분씩 소분해서 수납하자.

냉동실 보관시

소분 후 납작하게 세워서 수납

냉동보관 시 납작하게 얼리면 좋다. 이유는 세워서 수납할 수 있어 **효율적인 공간 활용은 물론 빨리 녹아서 조리시간을 단축할** 수 있다. 냉장고 200% 활용도 세우는 수납이 답이다.

06
집 앞 슈퍼를 우리 집 냉장고로

집집마다 늘어가는 냉장고 수와 커져가는 용량 앞에서도 우리는 여전히 부족하다, 작다는 표현을 한다. 냉장고는 식품을 상하지 않도록 신선하게 보관하기 위함이다. 여느 집 할 거 없이 불빛이 보이지 않을 정도로 꽉꽉 들어찬 냉장고다. 냉장고는 창고수준이다. 냉장고가 아니라 냉창고다.

도심에는 머지않은 곳에 슈퍼나 대형마트가 있다. 집 앞 슈퍼를 우리 집 냉장고라고 생각하자. **대용량으로 사서 쌓아 두지 말고, 필요할 때 바로바로 구입**해서 먹자. 대부분은 동네 슈퍼 대신 대형마트를 선호한다. 이유를 물어보면 원스톱 쇼핑이 가능해 편리한 데다 저렴하다는 게 이유다. 저렴한 대신 많이 사게 된다. 결국 다 먹지도 못하고 버리게 되면서 음식물쓰레기가 늘어난다.

당장 필요한 물건이 아닌데도 사게 되는 게 대형마트다. 대형마트에 가는 횟수를 줄이면 생활비가 준다. 특별한 경우가 아니라면 필요할 때 조금씩 바로 사서 먹고 마트에 갈 때는 필요한 물건을 메모해가는 습관으로 계획소비를 하자. 필요할 때 바로바로 구입하면 신선해서 좋고, 불필요한 가동으로 인한 에너지 절약효과는 물론 여러모로 낭비를 줄일 수 있다.

〈냉장고 정리 시〉

이제 냉장고를 정리할 마음이 생겼는가? 냉장고를 정리할 때 필요한 **준비물**을 살펴보자. 먼저 냉장고의 특성상 물기가 생기기 때문에 **방수매트(돗자리), 소분용기를 비롯한 수납용품, 위생장갑, 음식물 쓰레기통, 마른 행주(키친타올)**가 필요하다. 냉동실의 유통기한도 길어야 3개월이고 대부분 1개월 이내다. 보관상태가 좋지 않은 오래된 식품은 건강과 직결되는 만큼 비우는 게 좋다.

냉장고를 정리하는 데는 시간이 많이 걸린다. 그래서 **정리초보의 경우 냉동실과 냉장실을 두 번에 나눠서 진행**하는 것을 추천한다. 상대적으로 수월한 **냉장실부터 하고 냉동실을 하자.** 정리를 하기 위해서는 식품을 전부 꺼내야 하는데 이때 온도에 민감한 육류나 생선 등은 냉장실로 옮겨놓자. 동시에 진행할 경우라면 아이스

박스를 활용해도 좋고 아이스박스가 없다면 전날 패트병에 물을 얼려 놓거나 아이스 팩을 활용해도 좋다.

좌우로 냉동실과 냉장실이 있는 양문형 냉장고의 경우 **냉동실 선반에는 적절한 바구니를 넣어 서랍처럼 사용하자.** 수납력을 높이고 깔끔하게 보이고 싶다면 낮은 바구니보다 높은 바구니가 낫다. 물론 식품이 적다면 바구니는 필요치 않다. 이렇게 하면 좋은 이유는 편리함도 있지만 바구니마다 간식, 즉석식품 등으로 용도를 정하고 그 바구니에 들어갈 수 있을 만큼만 구입하게 된다. 이로 인해 불필요한 낭비를 줄일 수 있다. 마트에서 할인판매하거나 1+1이라고 선뜻 사지 않게 된다. 차츰 소비습관도 바뀐다. 왜냐하면 깔끔한 냉장고를 계속 보고 싶은 마음은 누구에게나 있기 때문이다. 정리한 공간을 평생 유지할 수 있으려면 소비습관까지 바뀌어야 한다. 당분간은 구입하지 말고 냉장고속 재료를 활용하자. 냉장고 파먹기, '냉파'를 통해 비워내고 홀가분해지자. 그리고 가족의 건강을 위해서라도 가능하면 대용량 구매는 하지 말자. 냉장고 본연의 목적을 생각하자.

유통기한 vs 소비기한

식품을 고르며 꼭 확인하는 게 유통기한이다. 그런데 유통기한을 제대로 아는 사람은 많지 않다. 대부분은 적힌 유통기한까지 먹어야 한다고 알고 있다. 그런데 **유통기한은 마트나 판매점, 즉 유통업체에서 소비자에게 판매해야 하는 기한**이다. 유통 기한이 하루 이틀 남은 식품은 저렴하게 판매하거나 1+1의 형태로 나와 있다. 기존에 우리가 생각한 유통기한은 소비기한이다. **소비기한은 소비자가 식품을 안전하게 섭취할 수 있는 기한**을 말한다. 우리나라에서는 아직 소비기한 표시를 하지 않고 있다.

유통기한이 지나면 먹지 못하는 것으로 알고 버려지면서 식품 폐기물이 점점 증가해 조 단위를 넘어선다는 통계다. 2023년 1월부터 소비기한 표시제를 도입한다는 보도가 있다. 소비기한 표시제

도입으로 보관 중에 버려지는 식품폐기물의 획기적인 감소를 기대해본다.

냉장고 유지 애프터 TIP

❶ 깊은 선반은 바구니로 서랍기능 만들기
❷ 바구니에 들어갈 만큼만 구입하기 (1+1에 현혹되지 않기)
❸ 집 앞 슈퍼를 우리 집 냉장고로 여기고 제때 구입하기
❹ 서랍은 공간을 나누어 사용하기

냉동실 정리 냉장실 정리

날개를 달아주는 '옷장 편'

01
옷장 정리 순서 | 맞춤형 옷장 만들기

1. 옷장 문을 활짝 열고 수납 위치를 정한다(설계도 그리기).
2. 전부 꺼내면서 계절별 사용자별 종류별로 끼리끼리 분류한다.
3. 남길 옷을 고른다.
4. 자주 입는 옷과 가끔 입는 것을 분류한다.
5. 수납한다.

〈맞춤형 옷장 만들기〉

　요즘은 개인의 취향에 따라 맞춤형 구입이 가능하다. 가지고 있는 옷의 종류나 소품 등에 따라 행거를 많이 넣기도 하고 선반이나 서랍을 많이 넣기도 한다. 집집마다 속옷이나 양말, 소품 등 자잘한 용품이 있기 때문에 서랍이나 선반이 필요하다. 이 외에 **옷을 보관**

하는 최고의 방법은 한눈에 들어오는 거는 수납이다. 그래서 옷장은 선반이나 서랍보다 걸 수 있는 행거가 많으면 훨씬 편리하다.

선반, 서랍, 행거, 바지걸이 등이 들어 있는 오래된 옷장의 경우도 맞춤형 옷장을 만들어 쓸 수 있다. **선반을 제거하고 저렴하게 옷봉(행거)을 설치해 걸었다. 불편한 바지걸이를 제거하고, 있던 상자와 서랍을 넣어 가방을 구분 수납했다.** 또는 옷봉(행거) 설치 후 논슬립 바지걸이를 활용하면 편리할 뿐더러 더 많은 양을 수납할 수 있다. **선반을 빼거나 바지걸이를 떼고 적재형 서랍을 넣어 활용하는** 등 수납하는 옷의 종류에 따라 누구나 쉽게 바꿔 쓸 수 있다.

접기보다 걸기 보여야 입고 쉬워야 유지된다!

선반 제거 후 행거 설치 | 선반 제거 후 행거 설치, 선반 재활용

수강생의 옷장 정리 모습이다. A 수강생의 경우 옷의 대부분을 개서 선반에 넣고 사용 중이다. 이럴 경우 안으로 밀려들어가면 알 수 없고, 아래에 있는 옷은 눌려서 구김이 많이 생긴다. 수업을 듣고 바로 실천한 모습이다. **선반을 빼고 행거 2개를 설치해서 걸었다.** 왼쪽 긴 장에도 효율이 떨어지는 작은 서랍장을 빼고 행거 설치 후 논슬립 바지걸이를 활용해 티셔츠를 걸었다. 남는 아래 부분까지 상자를 넣어 알뜰하게 활용했다. 좀 더 바란다면 한 번의 동작으로 쉽게 꺼낼 수 있도록 꽉 채우지 않는 게 좋다.

B 수강생의 경우 육아 중이라 입는 옷 대부분이 상대적으로 간편한 원피스다. 거는 수납이 좋지만 공간이 부족해 접거나 밖에 꺼내두고 입었다. 정리 중 선반 3개를 빼고 옷봉(행거)를 설치해서 모두 걸었다. 아래 칸 선반 2개는 두고 개는 옷을 수납했다. 오른쪽 긴 장에는 왼쪽에서 뺀 선반을 설치해 공간을 활용한 모습이다.

02
종류별 수납 | 행거내 종류별 구분법

옷은 **계절별, 사용자별, 종류별로 끼리끼리 분류**하되, 걸어서 수납할 경우 **길이를 맞추면** 옷장 아랫부분을 활용할 수 있다. 예를 들면 패딩, 코트, 재킷, 블라우스, 티셔츠, 베스트 등으로 건다고 가정했을 때 중간에 오는 재킷 중 롱재킷이 있을 경우 아래 부분 활용이 어렵다. 이럴 때 롱재킷을 코트 쪽으로 옮겨 **길이를 맞추면 아래 공간을 온전히 활용**할 수 있다.

양복을 주로 입는 남편이나 중·고등학생 자녀를 둔 경우 검정색, 흰색, 회색 등 무채색 옷이 많아 구분이 쉽지 않다. 이럴 때 **계절별 옷 사이에 빨래집게나 케이블타이 또는 끈으로 묶는 방법을 통해 간편하게 구분**할 수 있다. 또, 행거 하나에 남편과 아내 옷을 함께 거는 경우에도 구분지어주면 좋다.

종류별 구분법

| 계절별 (바지) | 용도별 (교복과 평상복) | 사용자별 (외투) |

거는 공간이 부족할 때에는 접어야 한다. 옷을 접는 경우 쌓기가 아닌 **세워서 수납**하자. 공간 활용은 물론 한눈에 들어와 사용이 편리하다. 재킷이나 코트, 와이셔츠 등 **구김이 많이 가는 소재나 신축성이 없는 옷은 걸어서 수납**하자.

반면 니트류처럼 구김이 잘 생기지 않고 신축성이 좋아 늘어지기 쉬운 옷은 접는 수납이 좋다.

공간이 부족하다면 부피를 줄여 거는 방법도 있다. **자주 입는** 속옷은 꺼내기 쉬운 곳에 수납해야 한다. 몸을 숙이거나 발뒤꿈치를 드는 일 없이 편안하게 서 있는 상태에서 **쉽게 꺼낼 수 있는 위치인 배와 가슴 사이 공간이면 가장 좋다.**

니트 정리

1. 개기

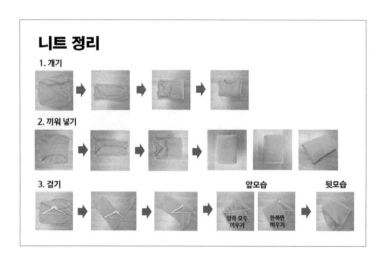

2. 끼워 넣기

3. 걸기

앞모습

뒷모습

양쪽 모두
끼우기

한쪽만
끼우기

03
한 번 입은 옷은 어떻게 보관하세요?

수업을 하다 보면 많이 받는 질문 중 하나가 "한 번 입은 외출복은 어떻게 하나요?"이다. 한 번 입은 옷인데 세탁하기는 애매하고 옷장 안에 걸자니 찝찝하다는 거다. 그러다보니 베란다 건조대는 물론이고 스탠드형 옷걸이, 의자등받이 할 거 없이 점점 쌓이는 옷으로 찾아 입기도 불편하고 지저분하다. 이런 경우 할 수 있는 방법 4가지를 알아보자.

〈한 번 입은 외출복 관리〉

첫째, 스타일러가 있는 경우 **스타일러 기능을 활용**하는 방법이다. 둘째, 시중에 판매하는 **탈취제를 활용**하는 방법이다. 탈취제를 뿌린 후 통풍이 잘 되는 베란다에서 건조 후 건다. 탈취제를 뿌리지 않더라도 햇볕에 말리는 것만으로도 효과를 볼 수 있다. 셋째, **건조기가 있다면 에어클리닝 기능을 활용**하는 방법이다. 사용 중인 건조기의 에어클리닝 기능을 작동시키면 20분이 세팅되는데 살균보다는 밖에서 묻는 먼지를 털어내는 정도로 활용하기 때문에 3~5분을 넘기지 않고 사용 중이다. 넷째, 냄새 정도나 꿉꿉함의 정도가 약할 때에는 간편한 **드라이기의 뜨거운 바람을 이용**하기도 한다. 다만 소재에 따라 너무 가까이에서 오랫동안 쐬지 않는 게 좋다.

〈입었던 실내복 및 잠옷 보관〉

　지금까지는 한 번 입은 옷에 대한 처리방법이었다면 이제는 옷을 수납하는 측면을 살펴보자. 수업시간에 던지는 질문이 있다. "**아침에 입었던 실내복 어떻게 하고 왔나요?**" 이 질문에 "침대 위에 던져 놨어요.", "화장대 의자에 걸쳐놨어요." 등 돌아오는 대답은 다양하다. 방법은 많지만 깔끔하고 청소가 수월한 공중부양 수납 방법이 가장 좋다. 첫 번째는 **숨은 공간, 방문에 거는 행거를 활용**하는 방법이다. 방문 뒤편을 활용해 걸면 보이지 않아 깔끔하다.

　두 번째 방법은 **서랍장 한 칸에 바구니 하나를 넣어 2개의 공간으로 분리 후 활용**하는 방법이다. 세탁하지 않아도 되는 입었던 실내복 및 잠옷을 수납한다. 안방에 4단 서랍장이 있다. 이 서랍장에는 부부의 잠옷을 포함한 4계절 실내복이 들어 있다. 맨 아래 칸에는 보관용(철지난 실내복), 두 번째는 아내 옷, 세 번째는 남편 옷이 있고, 맨 위 칸에는 입었던 실내복을 수납하는 공간으로 활용하고 있다. 큰 바구니 하나를 넣어 공간을 2곳으로 분리한 후 **입었던 잠옷이나 실내복을 개지 않고 툭 던져 넣어 사용 중이다.** 예쁘게 개지 않아도 충분하다. 그야말로 쉬운 정리다.

한번 입은 옷 | 실내복 수납

한번 입은 옷 (방문 고정형 행거)　　　실내복 (바구니로 구분, 남편 아내옷 수납)

세 번째 자리 차기가 적어서 더 만족스러운 **접이식 벽걸이 행거**다. 외출 후 한 번 입은 옷을 걸어도 좋고, 외출복을 미리 꺼내 걸어두기도 좋다. 사용하지 않을 때는 접을 수 있어 깔끔하다. 접이식 벽걸이 행거는 특히 이런 분들에게 요긴하다. **수납공간이 절대적으로 부족한 분, 한 번 입은 옷이나 실내복 수납이 고민인 분, 바닥에 두고 사용하는 스탠드형 옷걸이가 부담스러운 분, 의류매장의 탈의실, 좁은 공간 활용이 고민인 자취생**의 경우 활용하면 유용하다. 나 또한 너무나 만족스럽게 잘 활용하고 있고 주변에 적극 추천하는 아이템이다.

접이식 벽걸이 행거

04
깊은 선반 및 서랍은
이중수납과 2단 수납으로

선반이나 서랍이 지나치게 깊은 경우가 있다. 이럴 경우 활용이 애매하다. 하나의 선반에는 하나의 바구니가 깔끔하고 편리하지만 **깊은 옷장 선반의 경우**에는 큰 바구니 하나를 통째로 꺼내려면 무겁다. 이럴 때는 작은 **바구니 2개를 넣어 안쪽에는 철 지난 보관용 옷을, 바깥쪽에는** 지금 입는 옷을 수납하면 된다. 계절이 바뀌면 앞뒤 바구니 위치만 바꾸면 되니 편리하다. 서랍 또한 마찬가지다. **깊은 서랍의 경우**에는 키가 높은 용품 위주로 세워서 수납해도 되지만 그렇지 않은 경우에는 **아래쪽에는 자주 사용하지 않는 보관용품, 위쪽에는 자주 사용하는 용품을 수납하는 2단 수납방법**도 좋다. 이렇게 하기 위해서는 상자나 바구니 등의 적절한 수납용품 활용이 필요하다.

05
소품 | 경조사용품 | 계절용품 정리

〈소품 정리〉

가방이 많은 경우 자주 드는 것과 그렇지 않은 것을 구분해서 수납하면 지금 드는 가방을 편리하게 사용할 수 있다. 가방은 옷장선반에 수납하는 경우가 많은데 이때 공간에 비해 **가방 수가 적거나 부드러운 재질로 쓰러진다면** 가방 사이에 **북스탠드를 넣어 고정**하면 된다. 클러치백이나 지갑 등 작은 소품은 집을 정해 주면 유지하기 좋은데 이럴 때는 **옷장 안에 파일박스나 집에 있는 책꽂이를 넣어 사용**해도 된다. 재활용으로는 음료박스를 파일박스 모양으로 잘라서 활용할 수도 있다.

오래된 가죽장갑은 제대로 보관하지 않으면 눌려서 붙을 수 있다. **한지나 신문지 등에 싸서 보관하거나 백봉투를 활용**해도 된다.

문구점에서 판매하는 일반 편지봉투보다 조금 큰 백봉투에 한 짝씩 넣어 수납해도 되고 사이에 한 장씩 끼워도 좋다. 조문용 소품이나 장갑, 스키복 등의 계절용품은 한 곳에 수납하자. 자녀가 성인이라면 각자 수납해도 되지만 아이가 어려 부모와 함께 움직인다면 한 곳에 수납하면 찾아 헤매지 않는다. 항상 그 자리를 만들어주는 것이다.

가죽 장갑 I 파우치 　　　　식품 상자 I 음료 박스 재활용

〈화장품 정리〉

나를 더 빛나게 해주는 소품과 **화장품**이다. 코로나로 화장할 기회가 많지 않은 만큼 유통기한을 잘 체크하자. 화장품은 개봉일자를 적어두면 도움이 된다. 자주 쓰는 것만 올려두고, 나머지는 가능한 한 안으로 넣는 **감추는 수납**이 좋다. 화장대 위에 올려두고 사용할 때는 바구니나 상자를 활용하면 좋은데 이때 종류가 많다면 사용자별로 구분하면 편리하다. 구분해서 집을 만들어주면 쓰러지지 않아 관리가 쉽고 무엇보다 청소가 수월하다. 서랍에 수납한다면

상자나 안 쓰는 밀폐용기, 우유팩, 페트병 등 다양한 재활용품을 활용해 집을 지어주면 편리할 뿐만 아니라 유지하는 데 도움이 된다. 지정석을 정하고 집을 만들어 주는 이유다.

화장품 수납

우유팩, 우유통, 상자, 명함 상자 재활용   종류별 끼리끼리, 세워서 수납

벨트, 넥타이, 모자, 가방 등 소품도 마찬가지다. **종류별로 끼리끼리 나눈 후 각자의 집을 만들어주고 가능한 한 세워서 수납**하면 공간 활용에 좋고 사용하기도 편리하다. **실크스카프가 많은 분이라면 논슬립 바지걸이를 추천**한다. 실크스카프의 경우 접어서 보관하면 구김이 많이 가는데, 논슬립 바지걸이에 걸어서 수납하면 구김 걱정 없이 사용할 수 있다.

소품 및 화장품 정리

〈지갑 정리〉

지갑 정리를 보자. 누구나 부자가 되고 싶어 한다. 부자로 가는 지름길이 정리정돈이다. 그런데 대부분의 사람들은 정리정돈을 하기 위해 날을 잡으려 하고 또 몇 번이고 마음을 다잡는 시간을 필요로 한다. 그렇다면 지금 바로 할 수 있는 지갑 정리가 있다. 지갑을 열어보자. 어떤 것이 들어 있는가? 요즘은 지갑을 들고 다니는 경우보다 안 가지고 다니는 경우가 많다. 휴대폰 케이스 겸 지갑으로 사용하는 경우도 있다. 지갑 안을 보면 다양한 카드에 신분증, 포인트카드, 영수증, 지폐까지 종류도 많다. 지퍼형지갑일 경우 동전까지 그야말로 미어터진다. **지갑은 돈의 집인 만큼 깨끗하게 관리하자. 쾌적한 공간에서 오랫동안 머물 수 있도록 내 지갑을 호텔로 만들어보자.**

좋은 기운을 부르는 쾌적한 지갑을 만들기 위해서는 **먼저 사용한 영수증을 빼서 정리**하자. 카드도 꼭 필요한 것만 가지고 다니자. 요즘은 카드를 휴대폰에 심어서 실물은 두고 다니는 경우가 많다. 지갑이나 휴대폰도 한결 가벼워졌다. 현금이나 상품권은 종류별로 끼리끼리 분류하자. 풍수 전문가에 의하면 **지갑에 지폐를 넣을때는 머리 방향이 아래쪽으로 향하도록 넣으면 좋다**고 한다. 오랫동안 머무는 효과를 말하는 것일 테다.

06
철 지난 패딩, 똑똑한 보관법

철 지난 패딩은 어떻게 보관하고 있는가? 대부분 입지 않는 계절에도 그대로 행거에 걸어서 수납하고 있는 경우가 많다. 이렇게 걸어서 수납하면 자리를 많이 차지한다.

철 지난 패딩은 접어서 보관하자. 그리고 패딩을 걸었던 자리에 지금 계절에 입는 옷을 걸어서 수납하면 한결 편리해진다. 전문가에 의하면 패딩을 입지 않고 오랫동안 걸어두면 패딩 속 충전재의 쏠림현상과 함께 모양이 흐트러지고 기능이 떨어질 수 있다고 한다. 패딩을 보관하는 수납용품으로는 흔하게 볼 수 있는 **리빙박스, 쇼핑백, 이불커버, 양복커버, 베개커버, 세탁망** 등이 있다.

패딩 보관 (리빙박스)

✓ 보는 위치에 따라 라벨링 위치를 달리함
✓ 앞면(비닐창)보다 뒷면(천)이 보이도록 수납하면 보다 깔끔함

패딩 보관 방법

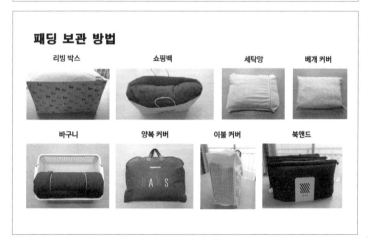

| 리빙 박스 | 쇼핑백 | 세탁망 | 베개 커버 |
| 바구니 | 양복 커버 | 이불 커버 | 북앤드 |

07
시간·돈 벌어 주는 편리한 통일

양말을 정리하다보면 짝이 맞지 않거나 한 짝씩 있는 경우가 많다. 세탁물 구분할 때 빠졌거나 구멍이 나서 버렸거나 나름의 이유가 있을 테다. 또한 언뜻 보면 표가 나지 않지만 비슷한 색상의 다른, 짝이 맞지 않는 양말을 신고 있는 경우도 종종 보게 된다. 이분들을 보고 떠올린 게 있다. 바로 한 가지로 통일하는 것이다. 특별한 이유가 있는 경우가 아니라면 **발목양말, 기본양말, 등산양말 등을 종류별로 한 가지로 통일하면 좋다.** 통일하면 좋은 점은 **일일이 짝을 맞출 필요가 없어 시간이 절약된다.** 그리고 한쪽 양말에 구멍이 나더라도 다른 한쪽은 사용할 수 있으니 **낭비를 줄일 수 있다.** 단조로우면 개성이 없어 보인다고 생각할 수 있는데 오히려 그 사람만의 개성, 스타일이 될 수 있다.

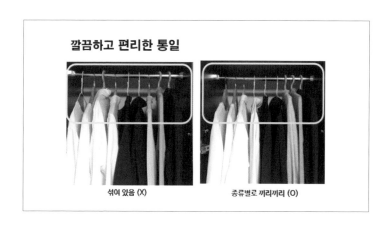

깔끔하고 편리한 통일

섞여 있음 (X)　　　　　종류별로 끼리끼리 (O)

옷장 속 옷걸이도 마찬가지다. 세탁소 옷걸이, 플라스틱 옷걸이, 논슬립 옷걸이 등 종류도 많은데 색상마저 여러 가지라면 정리해도 티가 나지 않는다. 보다 깔끔한 옷장을 원한다면 교체를 통해 옷걸이를 통일하면 좋다. 군이 교체하지 않더라도 플라스틱 옷걸이끼리, 세탁소 옷걸이끼리, 노란 옷걸이끼리, 파란 옷걸이끼리 등 **같은 종류와 색상으로 모으는 것만으로도 정돈된 효과**를 볼 수 있다.

〈**사례1**〉 언젠가를 위한 용품은 물려받지 않아야(옷)

한 수강생이 생각난다. 아이 셋의 워킹 맘이었다. 누구보다 부지런한 엄마였다. 아이가 셋인데다 금방 자라다보니 주변에서 옷을 물려주는 분이 많다고 했다. 비움에 대해 얘기하던 날 빵빵한 마대포대 사진이 올라왔다. 입히지도 못하고 묵고 있는 옷이란다. 물려받을 당시는 계절이 아니거나 커서 입히지 못하는 옷이라 보관했는데 너무 많아 뭐가 뭔지 알 수 없고, 바쁘다보니 일일이 확인할 시간이 없어 자리만 차지하고 있었다. 당장 입히지는 못하지만 챙겨주는 마음이 고마워 거절하지 못하고 받다보니 쌓여서 짐이 된 거다. 그리고 얼마 동안 묵었는지 모르는 옷을 말끔하게 비웠다며 속이 시원하다고 했다. 물려받을 때에는 지금 입힐 수 있고, 지금 사용할 수 있는 것만 받자. 사용할 언젠가가 정해지지 않은 것이거나 그 언젠가가 너무 멀다면 고마운 마음만 받고 물건은 정중하게 사양하자.

옷장 유지 애프터 TIP

❶ 입거나 사용 후 제자리 돌려놓기
❷ 하나 사면 하나 비우기 (옷 개수 늘리지 않기)

옷장 정리   행거(옷봉) 설치

잠이 보약 '이불 정리 편'

01
이불장 정리 순서

1. 전부 꺼내면서 계절별, 종류별로 분류한다.
2. 사용하지 않는 이불은 버린다.
3. 사용하는 이불은 공간에 따라 크기를 결정 후 갠다.
4. 수납한다.

이불, 얼마나 가지고 있는가? 집집마다 지나치게 많은 이불을 가지고 있다. 덮지도 않은 이불을 이런저런 핑계로 가지고 있다. 결혼한 지 수십 년이 지났음에도 친정엄마가 해주신 거라는 추억 때문에, 쓸 만큼 썼지만 목화솜이라는 이유로 못 버리고 있는가 하면 한 번도 덮지 않은 새 이불이라는 이유로 가지고 있는 분들도 많다. 언제 올지도 모르는 손님용 이불을 가지고 있는 경우도 많다. 예전과 달리 코로나시국에 자고 갈 손님이 있을지 생각해보자. 이불이 많아 압축팩까지 사용해가며 보관하는 모습을 볼 수 있다. **압축팩 보관은 습기로 곰팡이가 생길 수 있어 하지 않는 게 좋다.** 대신 이불도 한 채를 사면 기존에 있던 안 덮는 이불 한 채를 비워야 한다. 그래야 유지할 수 있다. 이불 사용 시 하나의 팁이라면 두께별로 모두 가지고 있을 필요는 없다. 이불 2개를 겹쳐 덮어도 되고, 담요를 겹쳐 덮어도 된다. 오히려 두꺼운 한 채보다 낫다. 두꺼운 옷 1개보다 얇은 옷 2개가 더 따뜻한 것과 같다.

대부분의 이불장을 열어보면 이불, 베개, 패드가 계절이나 종류 구분 없이 섞여 있는 경우가 많다. 그러다보니 꺼내기도 쉽지 않고, 반쯤 열린 이불장 문을 자주 볼 수 있다. 이불을 수납할 때도 다른 것과 마찬가지로 아래부터 진한 색에서 연한 색으로 색상을 맞추면 훨씬 깔끔하다. 진한 색이라도 자주 덮는 이불이라면 꺼내기 쉬운 위쪽으로 수납하는 게 좋다. 2개의 선반이 있다면 내가 꺼내기 쉬운 공간에는 자주 덮는 이불을 수납하자. 보관용이라면 두꺼운 이불이 아래로 오면 안정적인 수납이 된다. 방습방충에 좋은 **신문지를 이불 사이에 끼워도 좋고 시판 습기제거제를 활용하거나 수시로 환기**를 통해 사계절 뽀송한 이불을 덮을 수 있다.

02
이불 종류에 따라 개는 방법도 달리해야

가장 많이 하고 있는 방법은 2등분으로 접는 것이다. 옷장 크기나 이불크기에 따라 동일한 방법을 진행하되 3등분, 4등분으로 갤수 있다. 두껍지 않은 이불이라면 4등분으로 개서 두 줄로 수납하면보다 많은 양을 수납할 수 있다. 갈라진 부분이 앞으로 오도록 수납하면 밀려나오는 것을 방지할 수 있다. 홑겹이불이나 인견이불, 무릎담요 등은 수납할 공간을 보고 3등분 또는 4등분해서 끼워 넣기하면 깔끔하다.

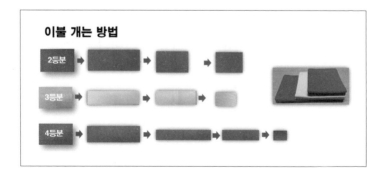

03
베개커버 및 쿠션커버의 활약

안 쓰는 베개커버나 쿠션커버에 자잘한 무릎담요나 인견이불 등 풀리기 쉬운 침구류를 넣어 이불장이나 딸린 서랍장에 보관하자. 깔끔한 수납은 물론 찾아 헤맬 일 없어 편리하다. 인견으로 만든 파자마 등 정리되지 않는 계절용 소품을 수납해도 좋고, 철 지난 패딩을 접어서 보관하기에도 안성맞춤이다.

베개 커버, 쿠션 커버 활용

인견 이불, 인견 파자마 등
정리가 잘 되지않는 이불

자잘한 무릎담요, 목베개, 패딩 등 보관

04
이불을 예쁘게 개고 싶다면

앞서 이불 개는 방법에 대해 다뤘다. 일반적인 방법으로도 충분하지만 전문가처럼 이불장 넓이에 맞게 개고 싶으면 보다 쉬운 방법이 있다. 예를 들어 **이불장 넓이가 80cm라고 했을 때** 40cm로 접어서 **두 줄로 수납하면 공간 활용에 좋다.** 하지만 정확하게 40cm에 맞춰 개면 이불을 개서 위로 쌓을수록 눌려 사이즈가 커진다. 이럴 때는 조금 작은 **35cm**정도로 개면 된다. **샘플로 한 채를 접어놓고 바닥에 종이테이프로 사이즈를 표시하면 쉽게 갤 수 있다.**

05
이불에도 수명이 있다고?

　　이불에도 수명이 있다는 얘기를 들어본 적이 있는가? 관리정도에 따라 차이는 있겠지만 이불 전문가가 얘기하는 이불의 수명은 **통상 3~5년**이다. 물론 그 이상 사용해도 되지만 아무래도 오래되다 보면 기능이 떨어지기 마련이다. 잠이 보약이라는 말처럼 가족을 위한 편안한 잠자리, 보약 한 재 짓는다는 마음으로 오래된 이불을 비우는 정리의 시간을 가져보자.

이불 개기 및 보관 방법

집중력 올리는 꿈꾸는 '서재 자녀방 편'

01
행거 | 선반 사용 설명서

아파트, 주택 등 주거형태에 따라 다르겠지만 일반적인 자녀방의 경우 작은 옷장 또는 붙박이장이 있다. 붙박이장의 경우 대부분 선반이 있다. 앞서 언급했듯이 선반에는 바구니나 상자를 넣어 서랍처럼 사용하면 편리하다. 그런데 깊은 선반의 경우 큰 바구니 하나를 넣어 사용하다보면 무게감에 불편할 수 있다. 이럴 때는 앞서 옷장 편에서 언급했듯이 선반을 나누어 사용하면 좋다. 예를 들면, **선반 하나에 바구니 1개가 아닌 작은 바구니 2개를 앞뒤로 두고 사용하는 방식이다. 이럴 때 앞쪽 바구니는 지금 입는 옷을 수납하고 안쪽 바구니에는 철 지난 보관용 옷을 수납하면 좋다. 계절이 바뀌면 바구니만 교체하면 된다.** 옷이 아닌 용품도 마찬가지다. 앞쪽에는 지금 사용하는 용품 위주로 수납하고 안쪽에는 여유분이나 보관 용품을 수납하면 된다.

옷을 수납하는 방법도 어린아이라면 개는 방법이 좋지만 대부분은 거는 수납이 편리하다. 행거에 옷을 걸 때 **스스로 꺼내 입을 수 있는 나이라면 행거 위치도 신경을 쓰자.** 옷장에 따라 행거 위치가 다양하다. 어떤 붙박이장은 어른이 꺼내기에도 어려울 정도로 행거 위치가 높다. 이럴 땐 도구를 이용하기도 하는데 거는 옷 아래 공간을 활용하지 않는다면 **행거를 아래로 내려 설치하면 아이도 스스로 꺼내 입을 수 있다.** 이 작업은 여성도 가볍게 할 수 있다. 또한 아이의 경우 옷이 작기 때문에 기존 행거 아래 설치가 **간편한 압축봉으로 행거 기능을 추가할 수 있다.** 이럴 경우 **위쪽에는 보관용을 걸고 아이 손이 닿는 아래쪽에는 지금 계절에 입는 옷을** 걸면 아이 스스로 꺼내 입을 수 있다.

02
책상 사용 설명서

책상을 구입할 때 특별히 고려하는 사항이 있는가? 각자의 취향을 살린 책상을 선택하되 한 가지 챙겼으면 하는 사항이 있다. 가구 배치를 좋아하는 사람이라면 이 점을 고려하면 좋다. 책상 형태에 따라 재배치를 생각하지 못하는 경우도 있다. 주로 초등학교에 들어가면서 제대로 된 책상을 구입하게 된다. 이때 아이들이 편하게 사용할 수 있는 전면배치 책상을 선호한다. 하지만 특별한 경우가 아니라면 **전면책상**(책상 앞부분에 책장이 붙어 있는)**보다 일반적인 긴 테이블이나 책상 단품**을 추천한다. 전면책상의 경우는 재배치가 제한적이다. 아파트의 경우 일반적으로 방에 들어가면 방문 좌측 또는 우측에 작은 붙박이장이 있다. 붙박이장이 없을 경우 책상을 놓을 수 있다. 붙박이장이 있다면 책상 위치는 침대 맞은편으로 한정된다. 책상에 딸린 책장이 높아 창문 쪽으로 두면 창문을 가리게 된다.

가구배치로 변화를 주고 싶다면 전면배치 책상보다 일반적인 긴 테이블이 좋다. 물론 책이 많다면 책은 별도의 책장에 꽂으면 된다. 교과서는 학교에 두고 다니는 경우가 많고 학원 책은 숙제를 할 때를 제외하고는 학원 가방에 넣어둔다. 따라서 큰 책꽂이가 필요치 않다. 3~4칸 정도의 단품 책꽂이면 된다. 이렇게 할 경우 **재배치도 자유롭고 오랫동안 공간의 구애 없이 다용도 활용이 가능**하다. 그리고 학생이라면 **책상 위에는** 교과서와 문구 외에는 아무것도 두지 않는 게 집중력에 좋다. 직장인이나 성인도 마찬가지다. 책을 읽고 있다면 책을 읽을 때 **필요한 것 외에는 아무것도 두지 말자.** 휴대폰도 마찬가지다. 꼭 봐야 하는 경우가 아니라면 멀리 두자. 성인도 아이들 못지않게 집중력이 떨어지는 요즘이다. 집중력을 높이기 위해서 꼭 필요한 환경설정이다.

03
책장 | 서랍 | 가방 정리

〈책장 사용설명서〉

책장을 정리할 때는 어디에 어떤 책을 수납할지를 정하는 설계도를 그린다. **자녀가 어리다면 눈높이를 고려해 아랫부분에 아이 책을 꽂는다.** 일반적인 경우라면 **맨 아래 칸과 맨 위 칸에는 자주 보지 않는 보관용을 수납하자.** 이때 아래 칸에는 무겁고 어두운 책 위주로, 위 칸에는 상대적으로 가벼운 책을 꽂는다. 그리고 **손 닿기 쉬운 눈높이에는 자주 보는 책을 꽂는다.**

책은 먼저 **사용자별로** 나눈다. 책이 많다면 서점처럼 **장르별로** 나눠 꽂는다. 이때 책장은 꽉 채우지 않는 게 좋다. 아이가 어릴수록 꺼내고 넣기 쉬워야 스스로 할 수 있고 지속할 수 있다. 크기가 다양한 아이들 책을 좀 더 깔끔하게 정리하고 싶다면, 종류별로 분류한 후 키 높이를 맞추고 작은 책은 앞으로 당겨 앞쪽 선을 맞춘다. 책은 읽는 것이지, 보이기 위한 것이 아니기 때문에 평소에는 종류별로 분류하고 제자리에 꽂아두는 것만으로도 충분하다.

시스템가구나 브랜드가구의 책장을 보면 안으로 깊은 책장이 많다. 이럴 경우 일반적인 크기의 책만 꽂기에는 공간 낭비가 있을 수 있다. 대부분 책은 잘 버리지 못한다. 사놓고 읽지 못한 책, 다시 한 번 읽고 싶은 책 또는 소장하고 싶은 책 등의 이유로 처분하지 못하는 경우가 많다. 이럴 때 **책장이 깊은 경우에는 2중 수납으로 해결할 수 있다.** 보관하는 책이더라도 눈에 보이게 수납해야 한다. 그렇지 않으면 결국 자리만 차지하는 잡동사니에 지나지 않는다.

집집마다 크고 작은 책장 1~2개쯤은 가지고 있다. 책장도 자리

가 있다. 많이 사용하는 가로세로 **3칸×5칸의 책장을 둘 곳이 애매하다**는 이유로 거실 창문을 가리고 배치하는 경우가 있다. 또 집에 들어서자마자 가장 먼저 시선이 가는 TV 옆 자리에 큰 책장을 세워두는 경우도 있다. 답답하고 좁아 보인다. 이럴 때는 **고정관념을 버리고 그대로 눕혀보자. 5칸×3칸의 책장이 되고 창가 햇살은 고스란히 확보하면서 자연스럽게 어린아이가 스스로 꺼낼 수 있는 편리한 책장이 된다.** 특히 집이 좁을수록 가능하면 가구 키높이를 낮추면 상대적으로 넓어 보이는 효과를 볼 수 있다.

〈나누고 세우는 편리한 서랍 정리〉

책상서랍을 비롯한 일반적인 서랍은 대부분 통으로 되어 있다. 이렇게 통으로 된 서랍에 여러 가지 물건이 있을 경우 한데 섞여서 뭐가 있는지 알 수가 없다. 설령 안다고 하더라도 찾는 데 시간이 많이 걸린다. 이럴 때에는 전부 꺼내서 종류별로 분류한 다음 사용하지 않은 물건은 과감히 비우는 게 좋다.

서랍은 상자, 우유팩, 페트병, 안 쓰는 밀폐용기 등을 활용해 공간을 나누고 각각의 집을 만들어주자. 깊은 서랍의 공간은 집에 있는 안쓰는 **파일박스로 나누고 종류별로 끼리끼리 분류 후 세워서 수납**하면 편리하다.

책상 서랍

다양한 상자 재활용

파일 박스 재활용

히든 서랍
(공간이 부족할 때)

〈복잡한 가방 속은 칸칸 파일정리함으로〉

아이들 가방 속을 본 적이 있는가? 남자아이일수록 더 정리가
안 되어 있고 심지어는 찢어져서 내용을 알아볼 수가 없는 경우도
많다. 필통은 입을 벌리고 있기 일쑤다. 정리를 보다 쉽게 하기 위

칸칸 서류 정리함

가방 속 학습지, 다양한 서류 보관

해서는 도구를 활용하면 좋다.

가방 속은 **칸칸서류파일이나 L자 파일을 활용**하자. 과목별 학습지와 통신문, 시험지 등을 다양하게 넣을 수 있다.

책가방을 보관하는 방법은 다양하다. 초등학생 가방의 경우는 아무래도 가볍고 작다보니 모양이 잡히지 않고 쓰러진다. 가방은 **바닥에 두지 말자**. 사용하기도 불편한 데다 지저분해 보이고 청소할 때는 일일이 들어야 하는 번거로움이 있다. 가능하면 **걸거나 바닥에 두더라도 상자를 활용**하는 식으로 별도의 집을 만들어 주자.

04
학생들과 함께하는 사물함 정리

학생들을 대상으로 하는 전문 직업인 체험이 있다. 정리수납전문가라는 직업에 대해 알아보는 과정에서 이론뿐만 아니라 옷 개기, 사물함 및 책상 서랍을 직접 정리해보는 시간을 갖는다. 종류별로 끼리끼리 분류하기, 필요없는 물건 버리기, 책처럼 세워서 수납하기, 수납용품 활용하기라는 몇 가지 원칙만 있으면 누구나 쉽게 할 수 있다. 학생들 스스로 깔끔하고 편리한 공간을 경험하며 자기효능감이 올라가는 과정이다. 여기에 칭찬이라는 적절한 보상이 더해지면 내재적 동기부여와 함께 지속적인 선순환이 이루어진다.

정리수납, 즉 정리 정돈에는 장소와 대상이 따로 없다. 왜냐하면 사람이 머무는 공간에는 어떤 형태로든 물건이 있기 때문이다. 가볍고 하찮게 생각할 수 있는 물건 정리지만 물리적인 변화에 그

치지 않는다. 시간 정리, 관계 정리에 이어 심리적인 부분까지 영향을 미친다.

사물함 정리

정리 전 (효율적이지 못함)   정리 후 (학생들의 정리)

▶ 정리 방법   1. 전부 꺼낸다

2. 종류별로 분류한다 (끼리끼리)

3. 사용하지 않는 것은 버리거나 나눔 한다

4. 왼쪽에는 책(노트, 파일)을 키높이순으로 꽂고
   오른쪽에는 도구나 소품을 수납한다 (세우기)

5. 작거나 쓰러지기 쉬운 것은 바구니나 북앤드로 고정하고
   체육복은 바구니(쇼핑백, 상자)에 넣는다

   ※ 사물함과 책상서랍 적절하게 활용하기

▶ 체육복 한 벌 접기, 쇼핑백 바구니 활용법 영상 참고

한 벌 접기   쇼핑백 활용

05
아이 방 사용설명서

　방이 3개인 집의 경우 아이가 한 명이라면 공부방과 놀이방, 즉 학습과 놀이공간을 분리해서 꾸미게 된다. 그런데 정작 아이는 놀이방이 아닌 거실에서 논다. 어질러지는 거실이 싫은 엄마는 자꾸만 아이를 놀이방으로 유도하지만 여전히 거실을 좋아하는 아이다. **아이가 어릴 때는 거실 한쪽 코너에 아이 놀이 공간인 장난감 코너를 만들어주면 좋다.** 아이는 엄마의 시선 안에서 안정감을 얻는다. 엄마도 마찬가지다. 놀고 난 후에는 디테일한 정리보다 큰 바구니에 넣는 정도로 쉬워야 한다. 꼭 장난감 바구니가 아니더라도 다용도로 많이 쓰이는 실리콘 바구니도 안전하고 좋다. 이렇게 쉬운 정리로 작은 성취감을 맛본 아이는 정리가 습관이 되고, 이는 곧 자기 주도로 이어진다. 눈높이를 고려한 정리, 특히 **아이들에게 정리 방법은 무조건 쉬워야 한다.**

자녀를 위하는 마음이 정도를 넘어서면서 덩달아 물건도 많아진다. 통상 아이 방은 안방보다 작다. 자식이 귀한 나머지 아이에게 안방을 내어주는 경우를 종종 보게 된다. 이건 어디까지나 개인적인 의견이지만 자녀에게 안방을 내어주는 건 바람직하지 않다는 생각이다. 예를 들면 방이 부족해 자매가 같이 방을 사용해야 할 경우라면 고려할 수 있다. 이런 경우가 아니라면 아이 물건을 줄이는 방법을 생각해보자. 문제는 아이에게 안방을 내어줬지만 정작 아이는 안방이 아닌 거실이나 작은 방을 좋아한다. 결국 좋은 의도로 방을 바꿨지만 방의 경계가 불분명해져 이도저도 아닌 결과를 낳는다. 부득이한 경우가 아니라면 자녀에게 안방을 내어주는 건 하지 말자.

〈사례2〉 자녀의 추억용품

베란다 정리과정에서 큰 박스 2개가 나왔다. 완벽한 밀봉 앞에 고객에게 여쭸다. 사연인즉은 외국에 살고 있는 딸의 추억용품이었다. 유치원 때부터 쓰는 그림일기장이며 크레파스, 사소한 낙서까지 딸이 아닌 엄마가 모아둔 거였다. 그 마음은 충분히 헤아려진다. 사진이나 그림이 아닌 쓰다만 크레파스까지 오랜 기간 베란다창고에서 빛도 보지 못한 채 보관 중이었다.

꺼내보지도 않은 물건을 가지고 있는 게 무슨 의미가 있을까? 특별할 게 없는 물건이라는 걸 알면서도 망설이는 눈치였다. 그러고는 이내 "나중에 딸이 한국에 나오면 그때 물어보고 정리할게요."라며 결국 다시 넣었다. 우리 또한 마찬가지다. 아이들 유치원이며 미술학원, 학교에서 가지고 온 결과물을 기한 없이 무작정 가지고 있는 경우가 많다. 나 또한 첫째 때는 그랬다. 모든 것이 다 소중했다. 종이접기 하나까지 전부 가지고 있었다. 결국 포화상태가 되었고 모양이 일그러지면서 어느 순간 모두 처분했다.

이렇게 유치원이며 학원, 학교에서 가지고 오는 결과물도 보유 기한을 정하면 좋다. 예를 들면 미술학원에서 그린 그림을 가지고 왔을 경우 일주일 정도 잘 보이는 공간에 붙여두고 충분히 감상하고 칭찬하는 시간을 가지자. **남기고 싶은 결과물은 사진을 찍어서 디지털로 보관하자.** 앞으로도 지속적으로 들어올 이런 결과물을 모두 가지고 있다면 어떻게 될까? 스스로 답을 찾는 시간을 가져보길 바란다. 분명한 건 물리적인 공간은 제한적이고 쌓여가는 파일은 파묻혀 꺼내볼 가능성이 희박하다는 것이다.

책장 한 구석에 배경처럼 꽂혀 있는 클리어 파일을 전부 꺼내 정리하는 시간을 가져보자. 빈 파일이 생겼다면 이면지를 끼우고 집안 이곳저곳에 **방치된 사진을 보관하는 앨범으로 활용**하자. 일반 앨범보다 자리차지가 작고 가벼워 언제든지 쉽게 꺼내볼 수 있다는 장점이 있다. 집집마다 책꽂이의 많은 부분을 차지하고 있는 물건이 있다. 임명장, 상장, 수료증 등이 들어 있는 상장케이스다. 상장 케이스가 분리된다면 전부 분리한 후 상장케이스는 버리고 내용물만 보관하자. 이때 가족별로 나눠서 정리하면 찾아보기도 쉽고 자녀가 결혼하거나 독립할 때 함께 보내기도 좋다. 가능하면 스캔을 하거나 사진을 찍어서 디지털로 보관하면 장소 구애 없이 어디에서든 꺼내볼 수 있는 장점이 있다.

클리어 파일 재활용

사진, 생활기록부, 상장 등 보관 　　 상장 케이스 대신 클리어 파일 　 스캔 후 저장
　　　　　　　　　　　　　　　　（부피X, 가족별 정리로 쉽고 편리하게）

공부방 정리

화목을 부르는 '거실 편'

풍수 전문가들은 거실을 보면 그 집의 화목이 보인다고 한다. 거실은 현관에 이어 그 집의 두 번째 얼굴이며 가족이 편안하게 쉴 수 있도록 가능한 한 감추는 수납으로 깔끔하게 유지하면 좋다.

01
가족이 함께 사용하는 물건 위주로

아이가 커가면서 점점 모이는 횟수는 줄어들지만 여전히 거실은 가족의 공동공간이다. 그래서 거실에는 **가족이 공동으로 사용하는 물건 위주로 수납**하면 좋다. 예를 들면 다양한 **멀티탭, 문구, 손톱 깎기, 함께 보는 책** 등이 있다. 물론 각자 방에 두고 써도 되지만 거실 수납도 추천한다. 같은 공간 내에서도 온라인으로 소통하는 요즘이다.

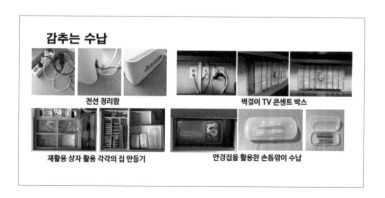

감추는 수납

전선 정리함

벽걸이 TV 콘센트 박스

재활용 상자 활용 각각의 집 만들기

안경집을 활용한 손톱깎이 수납

정리와는 별개로 이렇게 의도적으로라도 서로 얼굴을 마주하는 기회를 만드는 것 또한 소통의 창이 될 수 있다. 집을 정리하는 것은 가족과 소통하기 위함이고, 매장을 정리하는 것은 고객과 제대로 소통하기 위해서다.

02
소유보다 똑똑한 대여로

대부분의 엄마들은 아이가 태중에 있을 때부터 아이 방을 만들고 꾸민다. 갖가지 아이용품으로 가득 채운다. 아이가 태어나면서 각종 장난감에 물건들로 몸살을 앓는다. 뭐든 적당한 게 좋다.

물건앞에서는 쉽게 자제력을 잃곤 한다. **장난감은 가격에 비해 흥미를 보이는 기간이 짧은 만큼** 구입 대신 필요할 때 바로 이용할 수 있는 **장난감 대여 서비스를 이용하는 것도 방법**이다. 소유가 아닌 대여해주고 차용해 쓰는 공유경제라는 말이 나온 지 오래다. 면역력이 약한 아이라 코로나 시기에 장난감을 대여한다는 게 조심스러울 수 있지만 철저한 항균소독으로 염려 없이 이용할 수 있다고 하니 고려해 봐도 좋을 것 같다. 대여 서비스는 가성비뿐만 아니라 공간활용 측면에서도 추천할 만하다. 집집마다 형형색색 넘쳐나는 장난감으로 몸살을 앓는다. 그런 점을 감안한다면 대여 서비스는 현명한 소비로 꼽을 수 있다.

그리고 아이가 엄마의 시선 안에 있으면 아이도 엄마도 안심하며 놀이와 일에 집중할 수 있다. 그래서 아이가 어리다면 별도의 놀이방을 두는 것도 좋지만 엄마의 시선이 가는 거실에 장난감 코너, 즉 놀이공간을 만드는 것도 좋은 방법이다.

03
이 물건이 꼭 있어야 하는가?

거실장이 있다면 서랍이 있을 테다. 서랍은 앞서 다룬 책상서랍과 마찬가지다. 전부 꺼내면서 종류별로 끼리끼리 분류하고 안 쓰는 물건은 버리고 쓰는 물건은 물건마다 집을 지어준다. 어느 공간이나 모두 마찬가지다. 정리에 앞서 **"이 물건이 꼭 필요한가?"** 스스로에게 질문을 던져보자.

우리 집엔 거실장이 없다. 결혼하면서 혼수로 했던 거실장을 9년 전 지금 사는 이곳으로 이사 와서 버렸다. 거실장 안에는 별다른 물건이 없었다. 이때 **"이 거실장이 꼭 필요한가?"** 질문을 던졌다. 필요 없다는 대답이 돌아왔다. 그런데 멀쩡한걸 왜 버리냐는 남편의 반대에 시간을 두고 설득할 요량으로 상대적으로 넓은 안방에 들였다. 없을 때도 살았지만 들여놓고 나니 바뀐 분위기에 한동안 만족스러웠다. 그런데 시간이 흐를수록 장점보다 단점이 들어왔다. **물건의 양은 결국 내 일거리와 비례**한다. 거실장이 들어오면서 뭔가를 올리게 되었고 그만큼 청소가 번거로웠다. 짙은 색상이라 돌아서면 보이는 먼지 또한 거슬렸다. 결국 비웠다. 다시 맞이한 여백에 마음이 정화되는 듯 가벼웠다. 사용하지 않은 물건, 마음이 불편한 물건은 언제나 비움이 옳다.

04
잠자는 방에 식물은?

　　코로나로 인해 집 안에서 식물을 키우는 이들이 부쩍 많아졌다. 식멍, 플랜테리어라는 말도 등장했다. 그런 만큼 SNS를 통해 가끔씩 보게 되는 풍경이 있다. 방에 식물이 줄줄이다. 잠자는 공간에 두는 식물은 꼼꼼하게 체크해야 한다. 식물을 키우는 첫 번째 목적은 공기정화가 크다. 산세베리아, 스투키, 선인장 등 **사막식물을 제외한 대부분의 식물은 밤에는 이산화탄소를 배출한다. 따라서 잠자는 방에 예쁘다고 두는 식물이 오히려 숙면에 방해가 될 수 있다.** 선인장을 비롯한 사막식물은 밤에도 산소를 내뿜지만 문제는 대부분 뾰족하거나 가시를 가지고 있어 위험할 수 있다. 식물로 인한 힐링도 좋지만 잠자는 방에는 가능하면 식물을 두지 않는 게 좋다.

05
이가 없으면 잇몸, 대용품을 활용하자

집에서 TV를 안 본 지 오래다. 가끔씩 TV가 아쉬울 때가 있다. 그럴 때는 TV만큼 좋은 화질은 아니지만 빔 프로젝트를 활용한다. 빔은 몇 년 전 강의할 때 필요해 구입했다. 이동이 간편한 소형에 수동 스크린이지만 요긴하게 잘 쓰고 있다.

대형화면이 필요할 때나 코로나로 가지 못하는 영화관이 그리울 땐 가끔씩 빔을 꺼내든다. 수동 스크린으로 보기도 하고 거실 천정, 안방 벽에 비추기도 한다. 고정형이 아닌 이동이 가능해 좋다. 이가 없으면 잇몸이란 말처럼 반드시 그 물건이 있어야 하는 건 아니다. 대용할 수 있으면 충분하다.

TV 대체품 빔 프로젝트

〈부자들이 더 신경 쓴다는 현관, 욕실 편〉

현관은 내외부를 구분하는 경계이자 **운이 들어오는 첫 번째 통로**이며 그 집의 **첫인상**이다. 새해가 되면 복이 들어오는 풍수인테리어란 말이 많이 나온다. 풍수는 사람이 살아가는 이치라고 볼 수 있다. 누구나 잘 되면 좋겠다는 마음이 있다. **풍수인테리어의 기본은 첫 번째가 정리정돈**이다. 안 쓰는 물건을 버리고 묵은 먼지를 털어내며 고장 난 물건은 고치고 환기를 자주 시켜서 에너지 순환이 잘 이루어지는 것, 한마디로 쾌적한 공간이다. 쾌적한 공간에 머무는 사람은 심신이 여유롭고 에너지가 충만하다.

부자들이 신경 쓴다는 '현관, 욕실 편'

01
신발장 정리 순서 및 방법

1. 신발장 문을 활짝 열고 설계도를 그린다.
2. 모든 신발을 꺼내면서 사용자별 종류별로 끼리끼리 분류한다.
3. 설계도대로 수납한다.
   - 안 신는 신발은 비우기
   - 공간이 부족할 때는 수납도구 활용하기
   - 현관에는 지금 신는 신발만두고 나머지는 안으로 넣기

신발 정리에 대해 알아보자.

신발을 수납할 때 신발 뒤축이 보이게 두는지, 앞부분이 보이게 두는지는 정답은 없다. 내가 꺼내 신기 편하게 수납하면 된다. **단화 나 운동화 등 낮은 신발은 뒤축이 보이게 두면 편리하다. 굽이 높은 구두의 경우는 구두코가 보이도록 두면 상대적으로 깔끔하고 꺼내**

신기도 편리하다. 신발도 사용자별·계절별로 분류하고 그 안에서도 진한 색에서 연한 색으로 색상을 맞추면 깔끔하다. 문을 열었을 때 시선이 먼저 가는 곳에 밝은 색 신발과 굽이 낮은 신발을 두면 넓고 깔끔해 보이는 효과가 있다.

현관 신발장

밝고 깨끗하게　　구분 (사용자별 종류별 계절별)　　제습제 재활용　　휴지심　　신문지　　실리카겔

천정까지 붙은 큰 신발장을 두고도 모자라 별도의 신발거치대를 사는 경우가 있다. 거치대를 사기 전에 신발장 안에 잠자고 있는 신발은 없는지 살펴보자. **공간을 활용할 수 있는 수납도구**로는 시중에 판매하는 **슈즈렉**이 있고 재활용 수납용품으로 **운동화상자, 구두상자, 커피캐리어, 플라스틱 우유통, 페트병** 등 다양하게 있다.

비싸게 주고 산 옷은 제대로 모시듯 걸어놓고 세탁소에 맡기지만 저렴하게 주고 산 옷은 대충 관리한다. 이런 마음에는 저렴하게 구입한 옷이나 신발은 대충 한두 해 입거나 신고 버리자는 마음 때문이다. 세탁소에 맡기진 않더라도 세탁할 때 좀 더 신경 쓰고 특히 계절이 지나 보관할 때 제대로 해야 한다. 그저 그런 물건 여러 개보다 품질 좋은 하나가 좋다는 주의다. 옷도 신발도 그 어떤 물건도 내가 기울인 노력만큼 빛이 난다. 제대로 된 관리가 가치를 낳는다. 철 지난 신발은 잘 손질해서 가능한 한 형태를 잡아 보관하고, 제습제를 넣거나 신발장 문을 열어 수시로 환기를 시키는 것이 좋다.

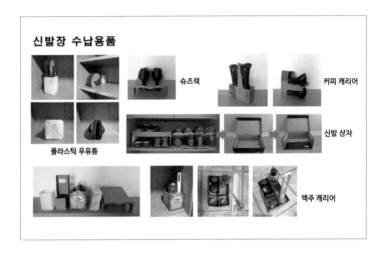

신발장 수납용품

슈즈렉 / 커피 캐리어 / 플라스틱 우유통 / 신발 상자 / 맥주 캐리어

02
복을 부르는 현관 풍수

복을 부르는 현관을 위한 몇 가지 팁을 알아보자.

첫째, 현관은 항상 깨끗하고 밝게 유지한다.

물청소를 하라고 할 정도로 깨끗하면 좋다. 대부분은 간편한 물 티슈로 닦는다는 경우가 많다. 현관 타일 바닥이 많이 지저분하다 싶으면 신문지를 얇게 펴고 분무기로 충분히 물을 뿌려서 어느 정도 방치해둔 후 닦으면 큰 힘 들이지 않고 청소할 수 있다. 그리고 현관 조명이 어둡다면 밝은 조명으로 교체하거나 사이드 조명을 달면 좋다.

둘째, 현관에 생기를 불어넣는 식물을 두면 운이 상승한다.

식물을 두면 보기도 좋고 운을 좋게 한다고 하지만 현관이 좁거나 또 아이들이 어린 경우 현관에 식물을 둔다는 건 쉽지 않다. 흔히 조화나 드라이플라워를 두는 경우가 많은데 한 송이라도 생화가 좋고 생기 있는 식물이 좋다. 여건상 쉽지 않다면 화사한 꽃그림이나 풍경이 담긴 작은 액자를 활용해도 좋다. 식물을 두고 액자를 거는 것도 불편하거나 위험하다면 두지 않는 게 낫다. 언제나 안전과 편리가 우선이다.

셋째, 현관에 유모차, 킥보드, 공 등 굴러다니는 물건이 있다면 다른 곳으로 이동하자.

집집마다 현관이 복잡하다. 그런데 이런 물건까지 들어와 있으면 지저분하고 드나들기 불편하다. 예를 들어 공이 현관 바닥에 있다면 공 자체는 문제가 되지 않지만 잘못해서 밟을 경우 넘어지고 다칠 수 있다. 공이 있다면 현관 바닥에 두지 말고 걸거나 거치대를 활용하자. 신발장 안에 압축봉을 설치해 얹어도 좋고 수박 끈을 활용해도 좋다. 세탁소 옷걸이로 간단하게 만들어 활용해도 좋다.

공 수납

압축봉　　　　　　　　수박망　　　세탁소 옷걸이

공보관 방법

넷째, 우산은 우산꽂이를 활용해 신발장 안으로 들이자.

어떤 집은 비가 오든 눈이 오든 사시사철 현관 입구에 우산이 나와 있다. 당연히 깔끔하지 않고 이동이 불편할 수 있다. 시중에서 판매하는 우산꽂이를 사도 좋고, 빈 화분이 있다면 깨끗하게 씻어서 신발장 안에 넣고 우산꽂이로 활용하자. 이런저런 도구가 없다면 적당한 위치에 압축봉을 설치해 넘어지지 않게 고정하는 것도 방법이다. 아버지가 사용하셨던 젓갈 통을 비 오는 날 현관에 꺼내놓고 우산꽂이로 사용하고 있다.

젓갈통의 변신 우산꽂이

다섯째, 신지 않는 신발은 버린다.

신발은 **만남** 운을 좌우한다고 한다. 안 신는 신발은 음의 기운이라 방치하면 운을 떨어뜨린다고 한다. 좋은 기운을 들이고 싶다면 지금 바로 신발장을 열어보자. 그리고 안 신는 신발은 과감히 배출하자.

〈사례3〉 언젠가를 위한 용품은 물려받지 않아야 (신발)

현관 신발장이 복잡한 이유 중의 하나가 물려받는 아이들 신발이다. 적지 않은 신발장인데 모든 신발이 다 나와 있는 듯 현관이 복잡한 집이 있었다. 하루가 다르게 자라는 성장기 아이들이다보니 옷도 신발도 물려주고 받기를 많이 한다. 이 집도 5살 터울의 언니에게 물려받았다는 많은 신발이 문제였다. 5살 터울이면 비슷한 체격이라고 하더라도 5년 후에야 신을 수 있다. 잘 보관해서 신길 수 있다면 좋지만 기간이 긴 만큼 쉽지 않다. 오랫동안 보관해야 하는 보관상 문제도 있지만 재질이 딱딱해질 수 있기 때문이다. 언니로부터 물려받은 신발이 신발장을 차지하고 있다 보니 지금 신는 신발이 전부 밖으로 나오고 자연스럽게 현관이 복잡해질 수밖에 없는 구조였다. 이럴 경우 처음부터 물려받을지 말지를 신중하게 결정하는 게 좋다. 잘 보관할 자신이 있다면 복잡한 신발장보다는 상자에 넣고 사이에 신문지나 제습제를 넣어 베란다 창고 등 별도의 공간으로 빼는 게 맞다. 그래야 지금 신는 신발을 편리하게 사용할 수 있다. 베란다 창고도 신발장도 수시로 열어 환기를 시키는 게 좋다.

현관 신발장 정리

03
래적한 욕실을 위한 똑똑한 수납

〈공중부양 수납〉

부자들이 특별히 챙긴다는 또 한 곳이 바로 욕실이다. 욕실을 방처럼 이용할 수 있을 만큼 깨끗하게 관리한다는 거다. **욕실에서 가장 중요하게 생각할 부분은 습기로 인한 물때와 곰팡이다. 욕실 바닥에는 아무것도 두지 않는 것이 좋다.** 샴푸, 바디용품 등 최소한의 용품이 필요한데 기존에 설치된 선반이 없다면 시중에 나와 있는 간편하게 설치할 수 있는 코너선반을 설치해 활용하면 좋다. 집집마다 생필품의 여분이 너무 많다. 선물로 받고 1+1 할인행사로 저렴해서 사는 등 지나치게 많은 생필품이 욕실장뿐만 아니라 집안 곳곳에 눌러 담은 밥처럼 꽉꽉 채워져 있다. 휴지나 수건도 꽉 채우지 말고 적당히 두자. 욕실에 두는 건 사용하는 것이고 팬트리나 별도의 공간을 정해 수납하는 것을 보관용이라고 생각하면 된다. 대신 여유분을 보관하는 장소는 가족이 모두 알고 있어야 한다.

공중 부양 수납

자석 비누 홀더　　　　S자 고리 활용　　적정량 수납

〈버려지는 서랍장의 똑똑한 활용〉

욕실용품을 보관하는 장소는 동선을 고려해 가능한 한 욕실 가까운 곳이면 좋다. 우리 집의 경우는 첫째 어릴 때 사용하던 서랍장을 버리지 않고 생필품 보관용으로 사용하고 있다. 5단 서랍장 맨 위 칸에는 남편의 개인물품, 4단에는 보관용 마스크와 손 소독제, 3단에는 여분의 화장품, 2단에는 샴푸, 손세정제, 바디용품, 치약 등 욕실용품, 맨 아래 칸에는 여행 용품, 백인백 등이 들어있다. 여기서 가장 손닿기 쉬운 4단 서랍에 여분의 마스크를 수납했다. 마스크는 현관으로 나가는 거실 콘솔 위에 몇 개씩만 두기 때문에 서랍을 수시로 연다. 자주 사용하는 물건을 손닿기 쉬운 곳에 수납해야 편리하다.

이처럼 정리하며 나오는 크고 작은 서랍장이나 공간박스, 책장이 있다면 버리기 전에 활용도를 살펴보자. 의외의 쓰임을 발견할 수 있다. 보관용 물품은 노출보다는 깔끔한 감추는 수납이 좋다. 그런 면에서 서랍장만 한 수납용품이 없다. 비우기에 앞서 생각해볼 재활용이다.

04
보이지 않는 곳까지 깨끗하게

먹기만 하고 배설을 못한다면 어떻게 될까? 당연히 병이 생긴다. 우리 집도 마찬가지다. 보이는 곳은 빨리 알아차릴 수 있다. **보이지 않는 곳을 잘 챙겨야** 한다. 이를테면 **욕실 배수구, 세탁실 배수구, 베란다 배수구등 물이 내려가는 통로다.** 이 공간 청소는 날짜를 정해놓고 해도 되지만 수시로 하면 좋다. 몸이 개운하지 않거나 기분이 언짢을 때는 주로 가구 재배치를 하거나 청소를 한다. 특히 배수구에 신경을 쓴다. 개운하게 청소하고 나면 거짓말처럼 일이 풀린다. 청소의 힘이다.

화장실 바닥과 배수구는 전용세제를 사용하기도 하지만 쓰고 조금 남은 샴푸를 활용하기도 한다. 바닥이 많이 지저분할 때는 락스도 사용하지만 늘 떨어지지 않고 있는 과탄산소다와 베이킹소다를 사용할 때도 있다.

〈화장실 바닥 및 배수구 청소법〉

1. 고무장갑을 끼고 바닥 및 배수구에 과탄산소다를 충분히 뿌려준다.

2. 충분히 뿌렸다면 뜨거운 물을 조금씩 여러 번에 나눠 서서히 붓는다.

   - 부글부글 끓으며 살균소독이 된다.

3. 어느 정도 방치한 뒤 솔로 문지르고 뜨거운 물로 마무리한다.

4. 마지막에 바닥과 벽의 물기를 대충 제거한다.

   - 스퀴지로 물기를 제거하자 (30초 투자로 물때 및 곰팡이 예방).

   - 설거지 후 싱크대 상판 물기제거에도 안성맞춤이다.

보이지않는 곳까지 개운하게

물때 곰팡이 예방   친환경 세제   세탁실, 베란다 배수구 및 세탁기 청소

〈샤워기 관리〉

매일 사용하는 샤워기, 입안을 헹구기도 하는 샤워기다. 오래전

〈위기탈출 ○○○〉라는 프로그램에 나온 샤워기헤드 세균검사 결과를 보고 경악을 금치 못했다. 수강생들에게 "샤워기헤드 청소 하세요?"라는 질문을 하자 10명 중 1~2명만 한다고 대답했다. 건강을 생각한다면 주기적으로 세척관리를 해 주면 좋다. 샤워기는 **헤드를 분리한 후 베이킹소다와 구연산을 충분히 넣은 뜨거운 물에 15분 정도 푹 담가두면 헤드와 줄에 있는 찌꺼기와 곰팡이가 분리**된다. 칫솔로 문질러 씻으면 된다. 구연산 대신 식초도 가능하다.

〈세면대 이물질 쉽게 제거하는 방법〉

세면대에 머리카락 및 이물질로 물이 잘 내려가지 않을 때 **빨대나 케이블타이로 간단하게 해결**할 수 있다. 빨대와 케이블타이 모두 가늘고 짧은 것보다 굵고 긴 게 좋다. 만드는 방법은 **빨대 또는 케이블타이를 잡고 양쪽 가장자리를 1cm 정도 간격을 두고 어긋나게 가위집을 내면 완성**이다. 가위집을 낼 때 너무 깊게 내면 떨어질 수 있으니 적당한 간격을 두고 하는 게 좋다. 빨대보다 단단해서 끊어질 염려 없는 케이블타이가 안정적이다. 만들었다면 가위집 낸 부분 중 뾰족한 윗부분이 위로 오게 한 후 세면대 배수구 안으로 밀어 넣어 아래위로 반복하면 머리카락은 물론 이물질이 쉽게 제거된다.

세면대 이물질 제거

빨대, 가위 → 양쪽 가장자리에 가위 집 내기 → 위 아래 반복 행동, 이물질이 걸려 올라옴

세면대 청소는 물로만 해도 충분하지만 좀 더 개운하게 하고 싶다면 치약, 매직블럭, 쓰다 남은 샴푸, 베이킹소다 등 다양한 방법이 있다. 또한 사용 중인 손세정제가 있다면 수세미에 약하게 한번 펌핑 한 후 닦으면 청소도 쉽고 오랫동안 은은한 향기가 남아 있어 기분 좋은 욕실을 만들 수 있다.

세면대 및 배수구 청소법

정리수납전문가를 만드는 강사가 추천하는 꿀팁

01
무너지지 않는 탄탄한 집 만들기

최소한의 물건으로도 살 수 있다. 반면 편의를 쫓다보면 물건이 많아진다. 한정된 공간에 많은 물건이 한데 섞여 있다면 어떻게 될까? 보기만 해도 답답할 거다. 물건을 찾는 데도 오래 걸린다. 빨리 찾아야 할 때는 조급증에 짜증까지 밀려온다. 편리하게 살고 싶으면 집을 많이 지어야 한다. 물건마다 지정석을 정하고 각각의 집을 만들어줘야 정리한 모습을 오랫동안 유지할 수 있다.

예를 들면 이런 거다. 어떤 한 공간에 여러 가지 물건이 들어 있을 경우 그 물건의 제자리를 정해 집을 만들어줘야 한다는 거다. 하나의 서랍장에 러닝, 팬티, 양말 등 3종류가 들어 있다고 할 때 각각의 집을 만들어주지 않으면 아무리 정리를 잘해놓아도 이내 흐트러지고 섞인다. 물건 종류가 많을수록 찾아 쓰기는 점점 더 힘들어진다. 이럴 때 다양한 도구를 활용해 각각의 집을 정해주는데 바구니를 예로 들어보자.

　바구니 하나로 정리를 한다고 가정해보자. 이럴 때 가장 좋은 방법은 서랍장 중앙에 바구니 하나를 넣어 고정하면 양쪽에 각각의 칸이 생긴다. 고정하지 않아도 어느 정도는 유지되지만 대체적으로 서랍깊이보다 짧은 바구니라 흔들리기 마련이다. 이럴 때 주로 활용하면 좋은 방법이 두 가지있다. **첫 번째는 실리콘을 활용하는 방법**이다. 바구니를 놓기 전 서랍장 바닥에 실리콘을 한 방울 떨어뜨린 후 바구니를 놓고 가볍게 눌러주면 고정이 된다. 일부러 떼지 않는 이상 고정되어 있다. **두 번째는 논슬립패드를 활용**하는 방법이다. 바구니 바닥에 미끄럼방지 패드인 논슬립패드를 조금 잘라 바구니 아래 깔아주면 쉽게 고정이 된다. 간단한 작업 하나로 오랫동안 유지할 수 있다.

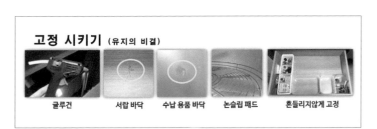

고정 시키기 (유지의 비결)

| 글루건 | 서랍 바닥 | 수납 용품 바닥 | 논슬립 패드 | 흔들리지않게 고정 |

02
안전을 위한 작은 실천

대부분은 욕실매트는 미끄럼방지 처리가 되어 있는데 몇 번 세탁하고 나면 접착력이 떨어져서 미끄러진다. 아이들이 씻고 물기 있는 발로 급하게 나오다보면 다칠 수 있다. 균형 감각이 떨어진 어르신들도 마찬가지다. 이럴 때 미끄럼방지패드인 **논슬립패드를 잘라 욕실매트 아래 깔아주면 안정감 있게 고정**된다. 매트 대신 안방 욕실, 거실욕실, 다용도실, 베란다 입구 등 4군데에 무게감 있는 규조토매트를 사용 중인데 세탁의 번거로움도 덜고 물기를 빠르게 흡수해 만족스럽게 잘 사용하고 있다.

03
사례로 배우는 정리

〈보관용 접시가 많다면〉

그 어떤 수납도구보다 추천하는 아이템이다. 평소에 사용하는 그릇은 적은데 **보관용 그릇이 많은 분들에게 적극 추천하는 수납도구, 책꽂이다.** 평소엔 두 식구만 있어서 사용하는 그릇이 많지 않은데 제사가 많아 보관용 그릇이 많은 댁이 있다. 사는 곳이 주택이고 넓지 않은 주방에 두 짝의 싱크대로 수납공간이 작고 튼튼하지 않다. 보관용 그릇을 전부 상부장에 수납하다보니 무게감을 견디지 못하고 상부장이 조금 내려앉은 듯한 느낌이 드는 상황이다.

싱크대에 든 물건을 전부 꺼냈다. 먼저 하부장 깊숙이 중간에 홈이 파인 플라스틱 책꽂이 2개를 넣고 가장자리를 기준으로 큰 접시부터 키높이순으로 전부 세웠다. 대형접시 외에는 선반 깊이의 절반 정도만 차지한다. 앞부분에는 국그릇, 밥그릇, 오목한 그릇을 끼리끼리 수납했다. 선반에 책꽂이 2개로 보관용 그릇을 전부 수납했다. 가스레인지 아래 칸에는 바구니를 활용해 여기저기 흩어져 있던 조미료를 끼리끼리 수납했다. 자주 쓰는 3가지 조미료는 꺼내 놓고 사용한다. 자주 쓰는 냄비와 프라이팬, 볼, 채반 등은 개수대 아래에 수납했다. 바쁜 아내 대신 일을 돕는 남편을 위한 배려기도 하다. 상대적으로 약한 상부장에는 컵과 밀폐용기를 사용빈도를 고려해 나눠서 수납했다. 사용은 편리하되 전체적으로 안정감 있는 주방이 되었다.

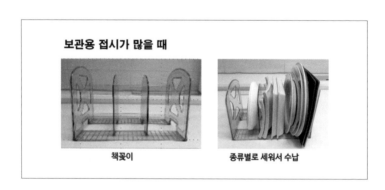

보관용 접시가 많을 때

책꽂이 / 종류별로 세워서 수납

〈의의로 만족스런 재활용품, 책장〉

지인의 작은 방을 정리하면서 버리려고 했던 서랍이 딸린 제법 큰 책장을 주방으로 가지고 왔다. 창고로 나가는 문 옆 벽면으로 세웠다. 주방 입구에서는 책장 옆면의 좁은 폭만 보이기 때문에 답답하다는 느낌은 전혀 들지 않았다. 여기에는 **잘 사용하지 않는 소형가전과 주방용품 및 식품을 수납하는 용도로 활용했다.** 짱짱한 수납력이다. 공간이 부족한 탓에 정리 전에는 뚜껑형 김치냉장고 위와 식탁위에 이것저것 올려두고 사용했었다. 김치냉장고를 열 때마다 들어야 하는 번거로움이 있었는데 책장 덕분에 식탁도 제 역할을 하게 되었고 김치냉장고 사용도 편리해졌다.

흔히 집을 정리하다보면 나오는 크고 작은 서랍장이나 책장이 있는데 무작정 버리지 말고 집안을 둘러보며 활용도를 찾아보자. 의외로 쓰일 때가 많다. 책장의 경우는 **주방 베란다나 세탁실에 두고 세제나 실온보관야채를 수납하는 등 다용도가 가능하다.** 책장이 높다면 옆으로 눕혀도 좋고, 크다면 안정적인 선에서 일부를 잘라내고 사용해도 된다. 이때 물을 사용하는 곳은 벽돌로 아랫부분을 받쳐주면 썩을 염려 없이 사용할 수 있는 훌륭한 수납용품이 된다.

04
머그컵의 재발견

사용하지는 않지만 예쁜 머그컵을 버리기 아깝다면 이렇게 활용해보자. 첫째 **밥그릇으로 활용**하자. 입구가 넓은 컵은 국그릇으로 사용해도 좋다. 예쁨에 대접받는 느낌이 든다. 두 번째 **화분으로 활용**하자. 머그컵 안팎의 바닥에 각각 청테이프를 붙이고 망치로 살살 못질하면 원하는 구멍을 낼 수 있다. 다육이 화분으로 안성맞춤이다. 세 번째 **양념을 만드는 조리도구**로 활용하자. 계란을 풀거나 갖은 양념을 만들 때 손잡이가 있어 유용하다.

05
물건을 구입할 땐 다용도를 고려하라

가구를 비롯한 어떤 물건을 구입할 때 고려하는 게 있다. 바로 다용도다. 15년 전 입주하면서 식탁을 구입하려고 발품을 팔았다. 당시 유행했던 건 대리석 식탁이었다. 대리석 식탁이 비싸기도 했지만 가구재배치를 즐기는 나로서는 이동하기도 불편할 뿐더러 다용도가 애매하다는 생각에 목공방에서 긴 테이블을 주문했다. 책이 많아 식탁 뒤 벽면에 책장을 두고 주방을 북카페처럼 활용할 수 있었다.

이후 딸아이 초등학교 입학을 앞두고 이사를 하면서 책상이 필요했다. 효율을 생각했다. 이사 온 이곳에는 이전에 사용하던 식탁이 어울리지 않았다. 생각 끝에 딸아이 책상 대신 식탁을 구입했다. 다용도를 고려한 구입이었다. 이전 식탁은 아들 녀석 책상으로, 유아스러운 아들 녀석 책상은 딸아이 책상으로 사용했다. 식탁을 책상으로 용도를 달리하고, 오빠 책상을 동생에게 물려주었다. 그렇게 이전에 구입했던 식탁과 이사 오면서 구입한 **식탁은 주방이라는 경계를 벗어나 집안 곳곳에서 다양한 역할**을 하고 있다. 식탁에서 거실탁자, 서재 테이블, 창가테이블, 안방책상으로 장소를 달리하며 변화를 줬고 만족스러웠다. 입주 당시 목공방에서 구입했던 식탁 겸 책상과 그릇장은 시골에서 작은 문고를 운영하고 싶다는 지인에게 나눔했다.

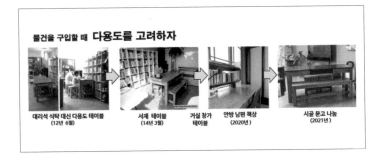

물건을 구입할 때 다용도를 고려하자

대리석 식탁 대신 다용도 테이블 (12년 6월) → 서재 테이블 (14년 3월) 거실 창가 테이블 안방 남편 책상 (2020년) 시골 문고 나눔 (2021년)

고정관념을 깨자. 물건을 구입할 때 다용도를 고려하면 물건 수를 줄일 수 있다. 물건 수가 적으면 자연스럽게 집안일도 준다. 마음의 여유가 생긴다. 이는 무엇인가를 시작할 수 있는 원동력이 된다. 그리고 가구 재배치만으로 이사 분위기, 셀프인테리어 효과를 낼 수 있다. 일석다조다.

예를 들면 속옷을 편리하게 꺼내 입기 위해서는 적절한 수납용품이 필요하다. 이때 늘였다 줄였다 할 수 있는 서랍 칸막이가 좋을까? 고정형 바구니가 좋을까? 당연히 바구니에 손을 든다. 왜냐하면 칸막이는 어떠한 공간 안에서만 사용할 수 있지만 바구니는 어디에서든지 사용할 수 있기 때문이다. 이제 물건을 구입할 때 스스로에게 질문을 던지자. **"이 용도 외에 또 어떤 용도로 쓸 수 있을까?"**를 말이다.

06
종량제봉투와 쓰레기통 사용설명서

집집마다 쇼핑백이나 비닐봉투를 엄청 많이 가지고 있다. 모으는 이유를 물어보면 쇼핑백은 남한테 무언가를 담아줄 때, 비닐봉투는 음식물 쓰레기 버릴 때 사용한단다. 그럼에도 불구하고 쇼핑백이든 비닐봉투든 나가는 것보다 들어오는 양이 많다. **우리 집 한 평의 가격을 생각해보자.** 비싸게 주고 산 집을 지나치게 많은 비닐봉투나 쇼핑백 등으로 생활이 불편하다면 얼마나 아까운가. 비닐봉투나 쇼핑백은 적당한 공간을 정하고 그 공간에 들어갈 만큼만 보관하자. 그래야 물건으로부터 자유로워질 수 있다. 이런 사소한 챙김은 사람이 쉴 수 있는 집, 휴식의 공간을 만든다.

비닐을 보관하는 방법은 다양하다. 간단하면서도 편리한 종량제봉투와 일반비닐봉투 보관하는 3가지 방법을 알아보자. 먼저 **종량제봉투는 묶음 그대로 적당히 접어서 서랍에 세워두고 사용하거**

나 간편한 **압축봉이나 수건걸이를 설치해 걸어서 사용**하는 방법이 있다. 이때 **종량제봉투는 사용하는 쓰레기통 가까이에 두는 것이 편리하다.** 두 번째는 쓰레기통 뚜껑이 닫히는 범위 내에서 **종량제 봉투 여러 장을 덧씌워 사용**하는 방법이다. 세 번째는 **1장을 씌우고 나머지는 쓰레기통 안쪽 바닥에 두는 방법**도 있다. 이 방법이 동선이 가장 짧다. 어느 방법이든 우리 집 환경에 맞게 활용하면 된다.

　일반 비닐봉투 같은 경우에는 돌려서 묶게 되면 부피가 크고 또 크기 가늠이 잘 되지 않아 사용 시 손이 여러 번 가는 경우가 있다. 이런 점을 보완한 방법이 삼각형으로 접는 것이다. 일반 비닐봉투 **는 크기와 상관없이 세로로 3등분한 후 바닥부분에서 삼각형으로 접어** 올려 끼우면 된다. 부피를 줄여 공간 활용에 좋고 삼각형만 보고도 크기가늠이 되니 수고를 덜 수 있다. 예쁘게 접기 위한 시간투자는 하지 말자. 접는 목적은 크기가늠과 부피를 줄이기 위함이다.

비닐 접기 및 쓰레기통 사용설명서

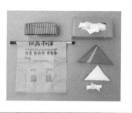

비닐봉투 접기 및 쓰레기봉투 사용설명서

돈 안 들이고 할 수 있는
최고의 인테리어, 가구 배치법

1. 침대 배치법

침대는 **방문을 기준으로 대각선 위치가 좋고, 침대 헤드는 창문보다 벽이 좋다.** 안방의 경우 방문을 기준으로 대각선의 위치는 대부분 붙박이장이나 옷장이 자리하고 있다. 침실에 옷장이 없을 경우 가능한 구조다. 일반적으로 **침대 헤드의 방향은 해가 떠오르는 기운의 동쪽이 좋고, 두 번째로 남쪽이 좋다. 헤드는 창문보다 벽으로 붙이면 안정감이 있어 좋다.** 침대에 누웠을 때 화장실이 보이는 건 좋지 않다고 한다. 그럼에도 불구하고 공간이 여의치 않다면 이 역시도 우리 집에 맞는 배치를 택하면 된다. 가능한 한 침대 아래에는 짐을 두지 않는 게 좋다. 또한 숙면을 방해하는 TV나 가전제품은 되도록 두지 않는 게 좋다. 잠이 보약이라는 말처럼 숙면으로 에너지를 올리는 쾌적한 공간, 침대 재배치를 통해 건강한 침실을 만들어보자.

2. 소파 배치법

정리에 버금가는 만족도의 가구 재배치다. 계절 따라 재배치를 즐긴다. 재배치 후 모습을 상상하며 기분 좋게 사용할 가족들을 생각하면 힘든 줄 모른다. 기대가 기운을 낳는다. **좋은 기운을 부르는 소파 배치법을 알아보자. 식당이나 매장에 갔을 카운터의 방향이 어디로 향하고 있는가에 답이 있다. 누구를 바라보고 있는가? 바로 입구에 들어오는 손님을 향하고 있다.** 정면 또는 측면에서 출입문을 바라보며 오는 손님을 기쁘게 맞이한다. 우리 집도 마찬가지다. **소파에 앉아 있는 상태에서 가족이 들어왔을 때 바라볼 수 있으면 좋다. 아파트의 경우 중문을 열면 바로 보이는 곳이 TV가 설치된 공간이다. 이 공간이 소파 위치로 좋다.** 좁은 공간이라면 현관문과 정면배치가 될 수 있는데 이럴 때는 소파를 베란다 쪽으로 살짝 밀면 훨씬 안정적이다.

여건상 어렵다면 소파 위치를 베란다 창문과 나란히 놓아도 좋다. 이때 확장된 베란다에 가죽소파라면 햇볕이 강할 때는 블라인드를 적절히 활용하면 가죽의 손상을 예방할 수 있다. 경우에 따라서는 창문과 일직선이 아닌 대각선으로 놓아도 된다. 정답은 없다.

고정관념을 버리고 다양한 시도를 해보면서 우리 집만의 구조를 찾아가면 된다. 같은 소파라도 놓이는 위치에 따라 보는 느낌이 다르고 실제로 앉았을 때 느낌도 다르다. 우리 집 소파, 오랫동안 한자리였다면 재배치로 셀프 인테리어 효과를 노려보는 건 어떤가?

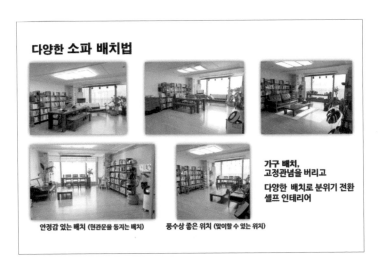

다양한 소파 배치법

안정감 있는 배치 (현관문을 등지는 배치)

풍수상 좋은 위치 (맞이할 수 있는 위치)

가구 배치,
고정관념을 버리고
다양한 배치로 분위기 전환
셀프 인테리어

가구는 어디까지나 사람이 사용하는 물건이다. 주종을 따지자면 공간에는 언제나 사람이 주가 되어야 한다. 집의 규모에 비해 지나치게 크거나 화려한 소파를 두는 경우가 있다. 사람보다 물건, 즉 소파가 주인이 되는 격이다. 물건이 차지하는 자리가 많을수록 사람이 머무는 공간이 줄어든다. 사용하지 않은 물건을 줄여야 하는 이유, 물건을 들일 때 신중을 기해야 하는 이유도 여기에 있다

3. 거실에 책상이 있거나 가구가 많을 경우

주방과 거실은 대부분 연결선상에 있다. 우리 집도 마찬가지다. 뚫린 상태로 오랫동안 사용했고 어느 순간 변화를 주고 싶었다. 대신 답답하지 않으면서 독립된 공간을 만들고 싶어 파티션을 세웠다. 설치도 간편하고 만족스럽다.

요즘 거실에 소파 대신 가족이 함께할 수 있는 큰 테이블을 두는 경우도 많다. **거실과 주방이 경계 없이 뚫린 경우** 식탁과 거실 가구 배치를 잘못하면 어수선해 보일 수 있다. 이럴 때 **식탁과 거실 테이블을 같은 방향으로 배치하면 안정적이면서 깔끔하다.** 주기적으로 가로 또는 세로 방향으로 배치하고 가끔씩은 식탁은 가로, 거실 가구는 세로 등 엇갈린 배치를 통해 분위기를 바꿀 수 있다.

거실 가구 배치법

식탁, 탁자, 소파 한 방향 배치 (2가지 방법)

돈 들이지 않고 재배치만으로도 충분히 이사 또는 셀프인테리어 효과를 내며 만족스런 변화를 끌어낼 수 있다.

4. 책상 배치법

책상 위치를 보자. **집중력을 올려주는 책상 위치는 방문을 열었을 때 책상에 앉은 아이 얼굴을 바로 볼 수 있는 자리가 가장 좋다.** 정면 배치가 어렵다면 **측면 배치도 좋다.** 드라마 속 예하 직원이 결제를 받으러 들어갔을 때 사장이나 상사가 앉아 있는 위치를 보자. 거의 정면이거나 구조상 살짝 비껴 있는 정도다. 들어오는 사람을 맞이할 수 있는 위치가 좋다. 정면으로 배치할 수 있는 방법은 방문 맞은편 창문 앞이 될 수 있지만 의자가 창문 쪽으로 가야 하기 때문에 동선도 길고 어린아이가 있다면 의자를 딛고 올라설 수 있어 위험하다. 정면 배치의 다른 방법은 방 구조에 따라 다르겠지만 방문 왼쪽 또는 오른쪽 벽면 배치도 가능하다. 다만 위치상 대부분 전등을 등지고 있어 그늘이 질 수 있기 때문에 스탠드를 적절하게 활용하면 좋다.

적절치 않은 배치로는 문을 열었을 때 아이의 뒤통수가 보이는 거다. 이런 배치를 많이 한다. 창문이 가까워 밝고 방 구조상 안정감이 든다는 이유다. 그런데 생각해보자. 아이가 책상에 앉으면 언제나 올바른 행동만 하지는 않는다. 딴짓을 할 때면 엄마한테 들킬

것 같은 **불안심리**가 작동한다. 이 위치는 엄마가 감시하기는 좋은 위치다. 눈을 감고 도로 위를 걸을 때의 느낌은 어떤가? 옆에서 손을 잡아주는 사람이 있어도 불안하다. 마찬가지다.

책상 배치법

정면 배치 (O) 측면 배치 (O) 방문과 등지는 배치 (X)

책상이 창문을 바라보는 배치는 날씨가 좋을 때나 또 저층이라면 놀이터에서 노는 친구들로 집중력 대신 산만함을 부른다. 아이방 창문은 전창보다 반창이 안정감 면에서 좋다. 그리고 특별한 경우가 아니라면 가능하면 **책상은 단독으로 두는 것보다 벽을 활용하면 좋다. 침대 배치와 마찬가지로 벽이 주는 안정감에 집중력이 올라간다.** 어른도 마찬가지다. 배치에 따라 앉고 싶은 책상이 될 수도 있고 그렇지 않을 수도 있다. 특별한 이유 없이 책상에 앉고 싶은 마음이 생기지 않는다면, 아이가 책상에 잘 앉아 있지 않는다면 위치에 변화를 주자. 벽에서 떨어져 있다면 이번엔 벽을 지지대 삼아 붙여보자.

5. 식탁 배치법

식탁은 식사를 하는 용도다. 뿐만 아니라 저학년 아이가 있는 가정이라면 엄마가 식사를 준비하는 동안 공부를 하는 책상이자 학습의 공간이 된다. 주부에게는 설거지를 마치고 개운한 마음으로 따뜻한 차를 마시거나 책을 읽고 취미생활을 하는 설레는 공간이 되기도 한다. 식탁은 식사와 함께 가족의 소통창구이자 학습공간인 동시에 취미공간이 되기도 한다. 이런 식탁이 잡동사니 집합소가 된 경우를 여러 번 봤다.

잡동사니는 자석과 같고 무럭무럭 자라는 나무와 같다. 하나를 두면 이내 이것저것 쌓이게 되고 순식간에 큰 산이 만들어진다. **식탁 위에 뭔가가 자꾸 쌓이는가? 그렇다면 식탁이 벽에 붙어 있지 않은지 점검하자.** 대부분의 경우 식탁을 벽으로 붙이면 안정감에 벽면 쪽으로 뭔가를 두게 된다. 하나였던 물건이 2개가 되면서 금방 쌓인다. **식탁은 책상과는 달리 벽에서 띄우는 게 좋다.** 식탁 등을 기준으로 중앙에 식탁을 놓으면 좋은데 재배치를 하고 싶다면 공간을 봐가며 식탁 등을 기준으로 가로 또는 세로배치를 하면 된다. 주방에 변화를 주고 싶거나 나만의 공간을 만들고 싶다면 식탁을 주목하자.

식탁 배치법

식탁 등을 기준으로 가로, 세로, 대각선 배치

6. 가구 위에 유리를 깔아 쓰는 이유?

혼하게 볼 수 있는 풍경이 있다. 비싼 원목으로 만든 식탁이며 좌탁, 책상을 구입하고는 유리를 깔아서 사용하는 모습을 보게 된다. 유리를 깔아두는 이유를 물어보면 구입 당시 따라와서 별 생각 없이 사용하거나 홈집이 날까 봐 일부러 깔아놓는다고 한다. 또 다른 이유로는 청소하기 쉽다는 의견도 있는데 그만큼 손자국이 쉽게 나기 때문에 지저분해 보일 수 있다. 차가운 유리가 긴장감을 주어 집중력에 도움이 된다는 의견도 있다. 하지만 그럼에도 불구하고 사람에 가까운 건강한 자연의 원목을 들였다면 **차가운 음의 기운 유리를 걷어내고 따뜻한 원목의 질감을 고스란히 느껴보자.** 유리를 덜어낸 무게만큼이나 홀가분해진다.

7. 식물 배치법

삭막한 공간보다 식물이 있으면 생기가 돈다. 생기 있는 공간은 에너지가 넘친다. 코로나와 함께 집이라는 공간의 기능이 다양해졌다. 집이 곧 학교이자 일터이며 때로는 영화관이 되고 식물원이 되기도 한다. 밥을 먹고 잠을 자는 공간에서 멀티공간으로 거듭나고 있다. 플랜테리어, 식집사(식물+집사), 식멍, 반려식물이란 용어가 낯설지 않다. 식물을 좋아하는 나는 식멍이 또 하나의 힐링 스팟이다.

요즘 가정집에도 카페에서도 행잉 식물을 자주 볼 수 있다. 풍수에서는 아래로 처지는 식물보다 좋은 기운을 받고 뻗어가는 나무처럼 위로 자라는 식물이 좋다고 한다. 또한 집에서 키우는 식물은 키가 큰 것보다 되도록이면 작은 식물이 좋다. 식물 배치에 있어서는 **키높이를 맞추면 정돈된 느낌이 난다. 이와 반대로 작은 벤치나 벽돌 등을 활용해 화분의 높낮이를 달리하면 자연스러운 연출이 가능하다.** 조화나 드라이플라워는 생기가 없고 먼지를 많이 탄다. 작은 화분 하나, 꽃 한 송이를 두더라도 살아 있는 식물과 생화가 좋다. 코로나로 몸도 마음도 지친 요즘, 생기 있는 식물로 공간에 활력을 더해보자.

여유로운 '마음 편'

01
청소하기 쉬운 집

청소의 힘은 잘 알고 있지만 워킹 맘의 경우 절대적으로 부족한 시간이다. 이럴 때 청소 시간을 줄일 수 있는 강력한 방법이 있다. 짐작이 가는가? 단연 첫 번째가 **보유하고 있는 물건의 수를 줄이는 것**이다.

청소를 한다고 가정해보자. 먼저 청소기를 밀기 위해서는 기본적으로 바닥에 아무것도 없어야 수월하고 빨리 밀 수 있다. 그런데 바닥에 아이 장난감이나 물건이 많이 있을 경우 일일이 들고 밀어야 하기 때문에 그만큼 시간이 걸린다. 거실장도 마찬가지다. 거실장 위를 닦을 때도 물건이 없는 경우와 기념품이나 장식품을 둔 경우 청소 시간이 다르다.

취미생활로 만든 작품이 한 방 가득이다. 사용하지도 않으면서 재료비에 정성이 많이 들었다는 이유로 아까워서 버리지도 나눔을 하지도 못한다. 물건으로 가득한 그 방을 볼 때마다 기분 좋음이 아닌 스트레스를 받고 있다면 어떻게 하겠는가? 비움에 있어서는 주고 산 가격, 들인 시간을 생각하지 말자. **물건을 소유하는 심플한 기준**은 앞서 언급했듯이 **사용하는지 아닌지의 여부**에 달려 있다. 다만 사용하지는 않지만 기분이 좋아지는 물건이 있다면 고려하되 개수를 제한할 필요가 있다.

이제 물건을 줄이고 청소하기 쉬운 집으로 만들어보자. 그리고 꼭 필요한 물건이 아니라면 물건 대신 경험에 투자하자. 취미생활도 가능하면 사용하거나 먹거나 건강을 위해 하는 운동이면 어떨까. 코로나와 함께 여행이 힘들어졌지만 여행을 가다라도 마찬가지다. 해당 여행지의 멋진 풍경을 눈에 담고 맛있는 음식을 먹는 즐거운 경험으로 기념품을 대신하자.

진공 청소기만 3대?

청소를 못하는 사람일수록 청소기 욕심이 많고,
청소가 안된 집일수록 청소기가 많다.
청소는 도구의 문제가 아니라
도구를 활용하는 사람의 문제다.
개운하게 청소하고 싶다면 안 쓰는 물건부터 버리고,
가지고 있는 청소기부터 정리하자.
쉬운 청소의 비결은 언제나 물건 수를 줄이는 것이다.

꼭 필요한 물건, 사용할 물건이 아닌 욕구에 의한 물건의 구입은 신중하자. 쓰지 않는 물건으로 가득한 집은 청소가 힘들고 부담이다. 때문에 수월한 청소를 위해 더 나은 기능의 청소기를 찾게 되고 자연스럽게 청소기가 늘어난다. 아이러니하게도 청소를 못하는 사람일수록 청소기 욕심이 많고, 청소가 안 된 집일수록 청소기가 많다. **청소는 도구의 문제가 아니라 도구를 사용하는 사람, 그 사람의 마음이요 의지가 크다.** 성과로 이어지는 청소, 부담없는 청소를 위해 지금 주변을 둘러보자. 그리고 쓰지 않는 물건을 과감히 비워내자.

02
똑똑한 구두쇠, 스마트한 가전으로
시간부자 되다

스마트한 가전을 사치로 여기던 때가 있었다. 주말부부로 지내던 전업주부 시절이었다. 미루는 성격이 아닌 데다 살림만 하던 시절에는 주변의 추천에도 나에겐 필요없는 물건이라며 귀를 닫았다. 그러다가 일을 시작하고 바빠지면서 누군가의 도움이 필요했다. 심사숙고 후 구입한 스마트가전의 맹활약, 이로 인한 효과를 톡톡히 보고 있다. 청소에 드는 물리적인 시간뿐만 아니라 심리적인 부분에 더 크게 작용한다는 것을 몸소 실감했다. 물건이 필요할 때가 따로 있다.

같은 공간을 청소하는데도 일머리가 있는 사람은 10분이 걸린다면 그렇지 않은 사람은 1시간이 걸릴 수도 있다. 후자의 경우 노력에도 불구하고 개선이 되지 않는다면 과감히 놓는 결단이 필요하다. 대신 자신이 잘하는 일로 성과를 내는 편이 낫다. 우리집 일이니 무조건 내 손으로 해야 한다는 욕심은 버리자. 저마다의 재주가 다르듯이 청소도 마찬가지다. 청소는 타고나는 재능은 아니다. 그럼에도 불구하고 청소에 대한 기대수준이 다를 수 있기 때문에 제대로 된 청소를 원한다면 방법을 바꿔보는 것도 좋다.

청소 효율을 생각한다면 분야의 전문가를 고용하자. 스마트한 가전, 기계의 힘이다. 무분별한 구입은 금물이다. 물건을 사거나 들일 때에는 똑똑한 구두쇠가 되어야 한다. 주변의 말을 듣고 사거나 스트레스 해소용으로 사는 충동구매는 없어야 한다. 똑똑한 구두쇠는 꼭 필요한 물건이라면 발품 손품 팔아가며 충분히 알아보고 가치가 느껴지면 구입한다. 이런 과정을 거쳐 구입한 물건은 사치도 낭비도 아니다. 사용할수록 가치로운 명품과 다를 바 없다.

1. 스마트한 소비, 건조기

식물을 좋아해서 베란다가 식물원을 방불케 한 때가 있었다. 그러다보니 세탁물 관리가 부담이 되었고 고민 끝에 건조기를 들였다. 건조기라는 스마트한 가전은 빨래에 대한 부담을 걷어갔다. 새로운 세탁 환경설정을 통해 물리적인 시간을 선물받고 심리적인 여유까지 생겨 좋아하는 식물을 더 챙기며 중요한 일에 집중함으로써 성과로 이어지는 계기가 되었다.

2. 스마트한 소비, 식기세척기

코로나로 집에 있는 시간이 늘어나면서 설거지거리를 비롯한 소위 말하는 집안일이 늘었다. 집이 곧 사무실이요 학교인데 눈만 돌리면 집안일이 들어와 여간 신경쓰이는 게 아니었다. 집에서는 집안일을 멀리할 수 없어 중요한 일이나 집중해야 할 일이 있으면 카페를 찾았다.

남편과 의논하에 다시 한번 스마트가전이 들어왔다. 띄엄띄엄 나오는 설거지거리를 모아 한번에 하면서 설거지에 대한 부담이 없어졌다. 누구든 먹고 나면 대충 헹궈 식기세척기에 넣는다. 주말엔 두 차례, 특별한 일이 없으면 평일에는 저녁식사 후 디저트 용기 및 컵까지 넣어 한 번에 해결한다. 식사 후 하는 일은 반찬통, 식탁매트, 수저받침 정리하고 싱크대와 식탁 닦는 일이면 충분하다. 개수대 배수구 청소까지 걸리는 시간은 길어야 10분이다.

식기세척기는 하나의 시스템구축이다. 이로 인해 설거지에 대한 부담이 줄면서 주방이 더 좋아졌다. 시간확보는 물론 살균 건조

되어 나오는 수저와 식기에 안심이다. 쉬운 정리는 사람을 움직이게 한다. 요리는 하되 설거지는 뒷전이었던 사람이 식기세척기라는 쉬운 환경설정 덕분에 뒷정리를 한다. 세척기에 넣기만 하면 되는 쉬운 정리 덕분이다.

3. 스마트한 소비, 로봇청소기

여행을 목적으로 모으고 있는 모임에서 고생한 수험생 엄마를 위해 지원받은 100만원으로 로봇청소기와 물걸레청소기를 들였다. 로봇청소기를 작동하기 위해서는 사전에 해야 하는 작업이 있다. 바닥에 걸릴 만한 물건을 치우거나 접근하지 못하게 설정하는 작업은 있지만 청소시간에 비하면 아무것도 아니다. 바닥의 먼지와 상관없이 하루도 거르지 않고 밀던 청소기다. 유선에서 무선청소기로 바꿀 때 적응이 잘 되지 않았고 상대적으로 무겁고 불편하게 느껴졌다. 하지만 시일이 지날수록 무선청소기가 청소에 대한 부담을 줄여준다는 것을 깨달았다. 유선청소기 사용시 있었던 일체의 번거로운 행동이 없어졌다.

청소기 교체라는 하나의 행동은 나의 오랜 습관을 바꿔놓을만큼 강력했다. 항상 청소가 우선이었다. 청소보다 더 급하고 중요한 일이 있음에도 불구하고 환경을 중요하게 생각한 까닭이다. 성격이요 습관 때문이다. 그런데 무선청소기가 그런 습관을 바꿔놓았다. 무선이니까 언제든 빠르게 밀 수 있다는 생각에서다. 무선청소기는 심리적인 부담을 줄여주었을뿐만 아니라 청소시간 단축과 함께 습관마저 바꿔놓는 계기가 되었다.

얼마전 두 번째 청소혁명, 로봇청소기를 들였다. 적어도 사용하기 전에는 제대로 청소가 될까 의구심이 들었고 무엇보다 시간이 많이 걸린다는 생각에 부정적인 감정이 먼저였다. 그런데 바쁜 일상을 핑계 삼아 들여놓은 로봇청소기로 인한 변화는 그야말로 혁명이다. 사람 손이 미치지 못하는 구석구석까지 똑똑하게 잡아주는 스마트한 도구였다. 덕분에 누리는 여유로움에 흡족하다. 돈으로 시간을 산 덕분이다. 청소시간이라는 자리에는 배움의 열정으로 가득찼고, 정리된 환경에서 내는 성과는 배가되었다. 스마트한 가전에의 투자는 결국 나를 위한 투자요 성장이라는 선순환으로 만족스러운 결과를 낳았다.

03
옷이 적어 행복합니다

수업 때마다 기본 10분 이상 늦는 A수강생이 있었다. 그렇게 늦다보니 당연히 수업의 흐름이 끊겼다. 몇 번이 거듭되자 동료 수강생들의 곱지 않은 시선과 B의 직언이 날아갔다. 남한테 피해주는 행동은 하지 말자는 거였다. 그러자 몇 번이고 죄송하다며 말을 이어갔다. A가 매번 늦는 이유는 옷 때문이었다.

개강하는 날 이 수업을 신청하게 된 계기를 물었다. 그분의 애기는 제법 큰 방의 삼면의 벽에 설치된 2단 행거는 본인 옷으로만 꽉 채워진 상태라고 했다. 좋아하는 옷을 더 사고 싶어 비우기 시작했는데 비우다보니 자신감이 생겨 이번엔 제대로 비우고 싶어 작정하고 온 수업이었다. 그렇게 비웠지만 여전히 많은 탓에 수업에 올 때마다 이 옷 저 옷을 번갈아 입으며 옷을 고르는 데 시간이 많이 걸려서 늦었다고 했다. 그 당시가 6월 중순으로 한창 더울 때였다. 그렇게 옷을 골라 입고 벗느라 아침부터 땀을 훔치며 허겁지겁 왔던 것이다. 그리고 강의실을 들어올 때는 미안한 마음에 "죄송합니다"를 연발하며 고개를 숙인 채 들어왔다. 더 많이 비우고 또 옷을 잘 입어야한다는 강박으로부터 벗어나고 싶다는 말을 덧붙였다. 그날 이후 꽤 많은 비움이 이루어졌다. 수납에 우선한 정리 즉 비움이다.

나는 강사다. 강사는 옷이 많을 거라 생각할 수 있다. 하지만 나는 옷이 지극히 적다. 아니 적당하다. 실내복으로 상하의 긴소매 반소매 각 2개 잠옷 1개, 등산복바지 2개를 제외한 모든 옷은 걸려 있다. 옷을 걸어서 수납하는 공간은 옷장 행거 2칸에 드레스 룸에 걸린 겨울외투 2개가 전부다. **옷이 적은 만큼 고민도 적다. 원하는 옷을 바로 골라 입을 수 있다. 그렇게 확보한 시간은 오롯이 나를 위해 쓴다. 적은 옷 덕분이다.**

처음부터 그렇지는 않았다. 전문가로 활동하던 초창기에는 강의보다 컨설팅을 많이 했다. 대부분의 고객은 지나치게 많은 물건으로 몸살을 앓고 있었고 사람이 주인이 아닌 물건이 주인인 공간에서 힘겹게 생활하고 있었다. 물건이 쌓인 집은 쾌적할 리 만무하다. 컨설팅을 다녀오는 날이면 늘 스스로에 대한 반성과 함께 집안의 물건을 하나씩 버리기 시작했다. 빈 공간이 주는 여유가 좋았다.

옷이 적어 얻는 유익이 많다보니 점점 옷 욕심이 줄어들었다. 계절별로 두어 벌이 전부지만 **강의용 복장을 유니폼화하는 게 바람**이다. 그러려면 나에게 잘 어울리는 색상과 입었을 때 불편함이 없고 거추장스럽지 않아야 한다. 그래서 미뤄왔던 **퍼스널컬러 진단**을 받았다. 가지고 있는 정장의 대부분은 무채색이다. 그런데 진단결과 블랙은 최악으로 나왔다. 좋아하지 않아 눈길조차 주지 않았던 색상이 의외로 잘 어울리는 색으로 나왔다. 그동안 내가 잘 어울린다고 생각했던 검정색은 내가 많이 입어 익숙했던 고정관념이자 착각이었다. 나에게 잘 어울리는 색상을 알고 보니 조금씩 눈에 들어온다. 퍼스널컬러 옷을 입었을 때 생기 있고 더 환한 느낌이 든다. 그동안 색상에 대한 고정관념이 있었던 거다.

옷을 좋아해서 사는 경우도 있지만 산 옷이 마음에 들지 않거나 잦은 싫증으로 사고 또 사고를 반복하는 경우도 많다. 나에게 맞는 색상과 스타일을 안다면 많은 옷을 고집할 이유가 있을까? 옷을 선택하는데 에너지를 많이 뺏기는 분이라면 잘 어울리는 색상과 스타일을 찾아 단순화시키는 것을 추천한다.

대부분 내가 좋아하는 색이나 스타일은 비슷하다. 그게 자신이다. 그런데 가끔씩 친구 따라 갔다가 친구와 매장 직원의 권유로 산 옷은 어떤가? 자주 입는가? 물론 의외의 발견을 하는 경우도 있지만 대부분은 잘 입지 않고 자리만 차지하는 애물단지로 전락하는 경우가 많다. 다양하고 화려해야 스타일이 아니다. 미니멀한 복장이라는 또 하나의 환경설정은 복잡한 생각의 고리를 끊고 머릿속을 개운하게 만든다. **아무에게도 방해받지 않은 단순함은 다음을 생각하게 한다. 성장의 원동력이 된다.**

04
시간을 만드는 똑똑한 도구

〈시간 도둑 대표주자 쇼핑, 나만의 브랜드 정하기〉

강의용 복장과 외출복은 2~3곳의 선호 브랜드가 있다. 그 외 실내복은 필요할 때 바로 구입하거나 인터넷 쇼핑몰을 이용한다. 강의용 복장이나 외출복을 구입할 때는 선호 브랜드 매장으로 바로 간다. 매장에 찾는 옷이 없으면 바로 나온다. 돌아오는 차 안에서 생각해보면 갈 때와는 달리 꼭 사지 않아도 되는 옷이란 걸 깨닫게 된다. 그럴 때면 브랜드를 정해두길 잘 했다는 생각이 들어 스스로 뿌듯하다. 나만의 브랜드 정하기는 단순한 옷 구입을 넘어 아주 많이 좋아하는 꼭 필요한 옷을 구입하게 만드는 필터링 역할을 한다.

이것저것 다 입어보지는 못하지만 외출복이라면 적당한 가격대의 옷 중에서 **나에게 가장 잘 맞는 옷을 찾아 나만의 브랜드를 정해**

두면 대표적인 시간도둑, 쇼핑시간을 절약할 수 있어 좋다. 물론 쇼핑이 취미인 분들은 그 시간을 충분히 즐기면 된다. 요즘은 온라인 쇼핑몰을 많이 이용하는 추세지만 외출복이나 신발은 되도록이면 매장에 가서 사는 편이다. 시간이나 불필요한 에너지 소모를 줄이기 위해서다.

〈시간도둑 잡아주는 똑똑한 용품〉

첫 번째는 **다기능 독서대**다. 독서모임에 가입해 평소보다 많은 독서를 하던 때 깜짝 선물로 받은 독서대가 있다. 일자 목에 목 디스크 증상이 있던 터라 더 만족스러웠다. 2단 와이드 독서대로 **여러 권의 책을 동시에 거치**할 수 있고, **각도조절**이 가능하다. **독서와 필기는 물론 노트북 거치**까지 가능해 유용하게 잘 쓰고 있다.

강의를 듣거나 줌 수업을 할 때면 노트북을 2단 거치대에 올려놓는다. 또 다른 방법은 노트북 사이즈가 작아 왼쪽에 노트북을 놓고 오른쪽에서 필기를 하기도 한다. 처음엔 너무 큰 사이즈의 독서대가 부담스러웠지만 지금은 장점만 떠오를 정도로 만족스럽다. 왜냐하면 독서대에 탁상달력, 다이어리, 노트북, 필기구까지 전부 올라가기 때문에 그만큼 잔 움직임이 줄었고 사용은 편리해진 반면 덕분에 **청소가 수월**해졌다.

스카이 2단 독서대는 이런 분들에게 추천하고 싶다.

1. 평소 독서를 많이 하는 분

2. 노트북 사용을 많이 하는 분

3. 일자목으로 독서가 불편한 분

4. 깔끔한 책상 유지를 원하는 분

5. 자료를 많이 봐야 하는 수험생 등

두 번째는 **집중력 향상에 좋은 뽀모도로 시계**이다. 코로나로 부쩍 집중력이 짧아진 아이들이다. 떨어진 집중력을 단번에 끌어올리기란 쉽지 않은 만큼 조금씩 짧게 시도해보면 좋은데 이때 유용한 아이템이 있다. '뽀모도로 시계'를 활용한 '뽀모도로 기법'이다. 뽀모도로는 이탈리아어로 토마토라는 뜻으로 주방에서 흔히 볼 수 있는 타이머다. 사용법은 아래와 같다.

집중력 향상에 좋은 뽀모도로 기법

1. 집중해야 할 일을 정한다.
2. 25분 타이머를 설정한다.
3. 설정 시간에는 오로지 한 가지 일에만 집중한다.
4. 설정 시간 종료 알림이 울리면 집중한 일의 완료 여부를 체크한다.
5. 5분간의 짧은 휴식을 취한다.

> 여럿이 함께 할 때는 온전한 집중을 위해서 도중에 질문할 일이 있으면 메모해 뒀다가 쉬는 시간에 한다.

습관 기르기에 최적이다. 다양한 거치방법에 이어 째깍째깍 백색소음이 집중력을 올려준다. 집중력이 짧다면 25분의 시간을 짧게 정하고 차츰 시간을 늘려 가면 된다. 나는 집중시간 1시간, 휴식은 5~10분으로 하고 있다. 집중력을 올리고 싶은 일, 대상 어디에나 적용 가능한 똑똑한 도구요 기법이다. **실물을 구입해도 되지만 '뽀모도로 타이머', '포커스' 등의 어플 설치로도 가능하다.** 저학년 아이가 있다면 실물을 두고 하는 것이 습관 기르기에 효과적이다.

05
실버 정리

▶ 실버 (Silver) : 은퇴를 앞둔 노인이나 노년을 이르는 말
▶ 정리 (整理) : 문제가 되거나 불필요한 것을 줄이거나 없애서 말끔하게 바로잡음
　　　　　　　흐트러지거나 혼란스러운 상태에 있는 것을 한데 모으거나 치워서
　　　　　　　질서 있는 상태가 되게 함

출처: 네이버

1. 사람은 가고 물건은 남는다?

　연령대가 높은 수강생의 경우 늘 따라오는 질문에 안타까울 때
가 많다. **자식이 결혼하고 분가한 지 오래지만 여전히 자녀의 물건
이 방을 가득 메우고 있다는 거다.** 가지고 가라고 하면 당장 둘 곳이
없어 나중에 가지고 간다고 하고, 버린다고 하면 절대 버리지 말라
는 당부란다. 지금 내가 처한 상황이 위와 같은 자녀의 경우라면 부
모님 집에 있는 내 물건을 정리하고 내 마음도 부모님 집도 홀가분

하게 만들자. 내가 만약 부모라면 자식에게 정리할 수 있는 기한을 주고 이후에는 과감히 비우는 시간이 가지자. 부모님 입장에서는 자녀의 물건을 버리는 것이 마치 자식을 버리는 것과 같은 마음이라 쉽지 않은 것도 안다. 하지만 언제까지나 가지고 있을 수는 없는 일이다. 결국은 버려질 물건이다. 아쉬움은 사진을 찍어 언제든 꺼내볼 수 있는 디지털로 남기자. 부모 자식 간에 서로를 위한 귀한 마음, 내 물건 정리로 시작하자.

나이가 들면 건강에 문제가 생기기 마련이다. 자식 키우며 먹고 살기 바빠 당신 생활이 없었던 부모님, 출가시키고 내 생활 좀 가져볼까 하지만 이번엔 자식들의 물건이 발목을 잡는다. 물건은 사용할 때 빛을 발한다. 쓰지 않는 물건은 물건이 아니다. 잡동사니, 쓰레기에 불과하다. 잡동사니를 들어낸 여유공간에 그동안 고생한 부모님을 위한 취미공간을 만들어 드리면 어떨까? 부모님은 지금도 자신을 위한 투자는 여전히 아깝다고 생각하는 분들이다. 이번엔 자식들이 부모님을 위해 마음을 모으자. 부모님의 노후를 아름답게 수놓을 힐링공간, 취미공간으로 만들어 드리자. 꼭 취미생활을 해야 취미공간은 아니다. 아무것도 없는 홀가분한 방에 누워 창문 너머 햇살을 온몸으로 받으며 휴식을 취하는 것도 취미생활이 될 수 있다. 물건은 짐스러운 존재다. 물건을 들어낸 온전한 공간에서 취하는 휴식은 몸도 마음도 건강하게 만든다. 이제 자식이 나설 때다. 부모님을 위한 편안한 공간 만들기다.

2. 떠맡기는 물건, 결국엔 짐이다

봄이 되었다. 침대 위 이불이 칙칙하게 느껴진다. 이불장을 연다. 칙칙함 일색이다. 온라인 쇼핑몰을 찾는다. 부담스럽지 않은 가격에 봄맞이 인테리어효과로 충분한 화사한 이불을 주문한다. 새 이불이 왔다. 사용 중인 이불이 들어갈 공간이 없다. 그렇다고 버리자니 아깝다. 정이 든 데다 아직은 쓸만하기 때문이다. 여기서 잠깐, 이럴 때 어떻게 하는가?

가족이라는 이름하에 저지르는 잦은 실수가 있다. 버리기 아깝다는 이유로 내 마음 편하자고 그 이불을 엄마집으로 언니집으로 나른다. 일종의 떠맡기기식이다. 그런데 아무리 멀쩡한 쓸만한 이불이라도 상대방이 필요해서 한 요청이 아닌 내가 일방적으로 떠맡겼을 때에는 단언컨대 쓰레기로 묵을 확률 100%다. 물론 일방적인 떠맡기기식이 아니더라도 여쭤보면 부모된 입장에서는 아까우니 쓴다고 달라고 하신다.

그렇게 결혼 전에 가지고 가지 않은 물건과 자식들이 하나둘 가져다놓은 물건으로 옷장, 이불장, 창고, 잠자는 공간까지 꽉꽉 들어차 있다. 부모님들이 흔하게 쓰는 말이 있다. "머리가 무겁다. 무리 띠가 무겁다!"라는 표현은 물건으로 복잡한 집, 편안한 쉼이 없는 공간을 대변하는 말씀인지도 모른다. 아깝다고 상대방에게 함부로 떠맡기지 말자. 내가 좋은 물건을 선물해야 좋은 에너지가 간다. 내가 싫은 물건은 상대방도 싫을 확률이 높다. 물론 기증이나 기부와는 다르다.

3. 일보다 힘든 관계정리

정리는 물건 정리만을 말하는 것은 아니다. **에너지를 빼앗기는 관계정리도** 마찬가지다. 통화를 하거나 만났을 때 에너지를 얻는 사람이 있는가 하면 반대로 에너지를 **빼앗기는** 사람이 있다. **부정적인 에너지를 받는 관계라면 끊어내도 좋다.** 물리적인 득과 실을 따지라는 게 아니다. 누군지도 모르는데 생일이라고 뜨는 것을 경험한 적이 있지 않은가!

물건을 버리지 못하는 이유의 대부분도 '언젠가 입을 수 있고 쓸 수도 있는데……'라고 미리 걱정해서이다. 그런데 그럴 일은 없다고 봐도 좋다. 관계도 마찬가지다. **최근 1년 이내에 만나거나 연락을 주고받은 적이 없는 번호는 지워도 좋다.** 지금 바로 휴대폰을 열고 나만의 기준을 정해 하나씩 지워보자. **소중한 사람에게 집중할 수 있게 된다.**

일본에서는 40세가 넘어서면서 서서히 노전(老前)정리에 들어간다고 한다. 노전정리라고 하면 마치 인생을 정리하는 듯한 어감에 부정적인 느낌이 들 수 있다. 그런데 여기서 노전 정리란 다른 의미이다. 나이가 들어가면서 점점 기력이 떨어지고 내 몸 하나 건사하기도 벅찬 순간이 온다. **노전정리는 지금의 나 자신을 위해 마음과 생활을 가볍고 산뜻하게 바꾸는 일이다.** 지금 이 순간을 더 잘 살기 위함이요, 미래의 나 자신을 위해서 하는 기분 좋은 일이다.

정리를 통해 언제 누가 오더라도 환영할 수 있는 집으로 만들자. 이런 집은 결코 넓거나 비싼 집을 말하는 게 아니다. 모든 물건이 제자리를 찾고 잡동사니가 없는 쉴 수 있는 집을 말한다. 바야흐로 100세 시대다. 노전정리라는 부정적인 어감 대신 풍요로운 노후를 위한 '**실버 정리**'로 이름을 붙여본다. 누구나 맞이하는 노후, 아름답게 빛날 멋진 노후를 위해서 지금 꼭 해야 할 일이 있다. 바로 내 주변을 홀가분하게 만들어줄 물건정리다. 쓰지 않는 물건을 비우는 작은 정리로 시작해보자. 실버 정리는 이 글을 읽는 지금 이 순간부터 준비가 답이다.

5장

탄탄한 '정리근육'

01
'딱 여기까지만'
나만의 기준 정하기

정리수납전문가로 활동하려는 분들이 모인 과정에 강의를 갔을 때의 일이다. 강의가 끝나고 계단을 내려가려는 순간 누군가 불렀다.

"강사님, 뭐 하나 여쭤볼 게 있는데 시간 괜찮으세요?"

"네."

"제가 고민이 있는데요. 저만 그런지 모르겠는데 너무 고민스러워서요."

표정이 급 어두워졌다. 고민이라는 말에 옆에 있던 동료들도 귀를 쫑긋 세운다.

"어떤 고민이세요?"

"정리를 배우고 집이 정말 깨끗해져서 기분은 좋은데요."

"네, 그런데요?"

"좋은 것도 있는데 한편으론 우울해요!"

우울한 이유인 즉은 이거다.

정리를 배우기 전에는 책을 읽고 친구들도 만나고 자신을 위한 시간이 있었는데 정리를 배우고부터는 전혀 못하고 있다는 것이다.

"선생님만의 시간을 못 가지는 이유가 뭐라고 생각하세요?"

"예전에는 그렇지 않았는데 정리를 배우고부터는 집안 곳곳에 지저분한 구석들이 눈에 들어와서 정리하다보면 하루해가 다 지나구요. 제 시간이 없다보니 순간순간 가족들에게 짜증을 내게 돼요."

"그렇죠. 무슨 말씀인지 충분히 알 것 같아요. 누구나 선생님 같은 고민을 합니다. 저도 마찬가지구요."

"강사님도 그러세요?"

"네, 저도 그래요!"

강사도 그렇다는 말에 표정이 한결 편안해진다.

"선생님, 이 방법 한번 써보실래요? 뭐냐면 **'딱 여기까지만!'** 이**라는 나만의 기준을 정하는 겁니다.**"

"그게 뭔가요?"

정리는 밥이다. 평생 먹고 사는 밥처럼 정리도 평생 해야 한다.

또 다른 의미는 정리를 하면 시간이 생기고 의욕이 생기면서 성과로 이어지기 때문에 돈을 벌 수 있어 밥을 먹여준다는 의미도 함께 들어 있다. 정리 규모나 깔끔함, 편리함의 정도는 다를지언정 해야 한다. 그래야 기본적인 생활이 가능해진다. 여기서 밥은 쌀로 만든 밥 외에도 우리가 살기 위해 먹는 그 어떤 것, 모두를 포함한다. 밥에는 백미, 현미 등 한 가지로만 지은 밥이 있고, 2가지나 3가지를 섞어 지은 밥도 있다. 개인의 입맛이나 취향에 따라 갖가지 잡곡을 섞기도 한다. 밥이라도 다 같은 밥이 아니다. 사람마다 먹는 양이나 가짓수도 다르다. 똑같은 재료를 쓰더라도 요리하는 사람의 손맛에 따라 맛이 달라진다. 똑같은 맛을 내기란 쉽지 않다. 각자가 생각하는 부자의 기준이 다르고 깔끔함의 기준이 다르듯이 우리 집 정리도 마찬가지다. 그런 의미에서 나만의 기준을 정하면 좋다.

정리를 하면 기분이 좋아진다. 다만 어느 한쪽으로 치중되지 않고 일과 생활, 즉 **살림과 나 자신을 위해 내는 시간의 균형이 중요하다. 이를 위해서는 정리에 대한 기대수준을 낮추거나 나 자신을 위한 시간을 줄이는 방법**이 있다. 개인적으로 전자를 권한다. 초보가 전문가처럼 하려고 하다보면 의욕이 꺾일 수 있고 이내 지치기 마련이다. **작지만 오랫동안 지속하는 힘은 작게 부담 없이 하는 것이며 여기에 필요한 것이 '나만의 기준'이다.** 사람마다 정리를 하는 이유는 다르겠지만 첫 번째 목적은 편리에 있다. 덜 깔끔하더라도 편리하게 사용할 수 있으면 된다.

예를 들어 책상서랍에 여러 가지 물품이 들어 있을 경우 서랍을 여닫을 때 섞이게 된다. 이때 적절한 수납도구를 활용하면 꺼내 쓰기도 유지하기도 좋다. 종류별로 제자리를 정하고 툭 던져 넣으면 된다. 이렇게만 해도 섞이지 않아 서랍을 열었을 때 바로 찾을 수 있다. 시간이 없는 사람은 여기까지만 해도 충분하다. 추가로 반듯하게 접은 후 세워서 수납하고 색상까지 맞추면 더 편리하고 깔끔하다. 더 많은 시간투자가 필요하다. 어느 단계까지 할 것인지는 본인의 선택에 달려 있다.

완벽하지 않아도 된다. 언제나 정리 자체가 목적이 되어서는 안 된다. 편리하면 된다. **'딱 여기까지만'**이라는 나만의 기준은 평생 해야 하는 **살림을 보다 재밌게 만들어주는 무기**가 된다. 지금 바로 부담스럽지 않은 나만의 기준을 정하자.

02
'아~ 좋다!' 공간 나만의 아지트 만들기

　"나만의 공간이 있나요?", "집에 빨리 들어가고 싶나요?"라는 질문에 70%는 없다고 한다. 그리고 빨리 들어가고 싶은 이유도 우리 집이 좋아서가 아니라 피곤해서 쉬고 싶은 마음에서이다. 그렇다면 '아~ 좋다!'라고 느껴지는 설레는 공간은 어떻게 만들 수 있을까? 넓은 집, 새 아파트, 좋은 가구 등의 조건은 부수적인 문제다. 우리 집이 설레는 공간이 되려면 좋아하는 물건이 있고 정리로 휴식이 있는 공간일 테다.

　나는 그런 공간이 있다. 나의 주된 공간이자 **설레는 공간은 서재다.** 그중에서도 책상이다. 서재에는 아이들 어릴 때 쓰던 벤치에 두 가지 종류의 책장에 낡은 물건들이 놓여 있다. 볼품은 없다. 하지만 이 공간은 언제나 설렌다. 20년 전 혼수로 구입한 책상을 남편이 쓰고 아들이 쓰다가 지금은 내가 쓴다. 이곳에 앉으면 사고를 자극하고 나를 깨우는 알아차림이 있어 행복하다. 거실 책상은 또 다른 묘미가 있어 좋다.

나의 두 번째 '아~ 좋다!!' 공간, 아지트는 **집 앞 스터디카페**다. 강의준비를 하거나 집중해야 할 일이 있을 때 가는 곳이다. 스터디카페에 다닌 지 3년째다. 통상 한 시간에 2천 원 선이지만 패키지를 활용하면 시간당 천 원에 이용할 수 있다. 시간당 천 원에 약간의 간식과 커피나 음료가 무한이다. 스터디카페에 가는 나를 두고 지인들은 집에서 하면 되지 군이 돈을 내고 거길 왜 가냐고 묻는다. 이유는 명확하다. 환경설정 때문이다. 요즘 카페에 가면 공부하는 학생들이 많다. 새로 생기는 대형 카페에 별도의 스터디 존을 만드는 것도 환경설정의 중요성을 말해 주는 게 아닐까 싶다.

집에서는 시시때때로 일이 보인다. 화장실에 가면 얼룩이 보이고, 주방에 가면 아이들이 먹은 설거지거리에 세탁 종료 알림까지 곳곳에 일거리가 보인다. 그리고 편안한 만큼 눕고 싶은 마음이 생긴다. 그래서 온다. 이곳에 온 사람들은 책을 읽거나 강의를 듣는 등 공부를 한다. 폰 또한 덜 보게 된다. 거울효과를 볼 수 있다.

퇴근시간 무렵이면 집으로 가지 않고 이곳 스터디카페에 들러 1~2시간 책을 읽거나 자격증 공부를 하고 가는 이들이 많다. 집에 가면 바로 밥을 하고 집안일로 자신의 시간을 낼 수 없다는 걸 알기 때문에 미리 하고 가는 거다. 참 좋은 문화다. 지금 이 책을 읽고 있는 분이 주부든 직장인이든 학생이든 어떤 분이든 적어도 하루 한 시간 정도는 오롯이 나를 위한 시간을 가져보자. **나를 위한 1시간 투자, 나를 위한 하루 1~2천 원 투자는 가랑비에 옷 젖듯 성장으로 이어질 거라 확신한다.** 우리 집에는 도저히 공간이 없다 하는 분들은 스터디카페를 추천한다. 조용한 가운데 하루를 정리하는 시간, 나 자신을 돌아보는 시간, 미래를 위해 공부하는 시간 등 그 어떤 시간으로 활용해도 좋다.

'아~좋다!' 공간

생기 있는 거실 창가 테이블 　　　 서재 책상 　　　 스터디 카페

03
손끝 정리법

깔끔한 집 좋은 집에 살고 싶은 건 모든 사람들의 바람이다. 하지만 대부분은 불가능한 일이라고 속단하고 포기부터 한다. 경제적인 여건이 되거나 정리가 간절한 사람은 전문가의 도움을 받기도 한다. 전문가의 도움을 받으면 티가 난다. 마치 이사 온 새 집처럼 바뀐다. 이렇게 컨설팅을 받으면 유지가 잘 될까? 결론은 고객에게 달려 있다. 대가를 지불하고 컨설팅을 받았는데 유지가 잘 되지 않는다면 속상하다. 유지가 잘 되지 않은 원인으로는 여러 가지가 있지만 3가지만 들어보자.

첫 번째 사용 후 제자리에 돌려놓는 습관이 안 되어 있어서다.
입었던 외투를 벗었다면 제자리에 걸고 사용한 물건도 제자리에 돌려놓아야 하는데 일단 두고 본다. '일단'이라는 병을 멀리해야 한다. 제자리에 돌려놓기는 기본 중의 기본이다. 정리수납컨설팅에서는 모든 공간의 물건을 전부 꺼낸 후 안 쓰는 물건과 안 입는 옷은 비우고, 쓰는 물건과 입는 옷은 제자리 즉 각각의 집을 만들어준다. 이런 작업을 통해 우리 집에 있는 모든 물건은 집이 정해진다. 이제는 가족 누구라도 쓰고 나면 제자리에 돌려놓아야 한다. 어쩌면 당연한 일인데도 잘 지켜지지 않는다. 습관의 문제다.

두 번째 **비우지 않고 지속적으로 산다는 것이다.** 옷장을 예로 들어보자. 옷장을 정리할 때 입지 않는 옷을 비우고 한 번의 동작으로 꺼내기 쉽게 정리를 했다고 하자. 원터치로 편리하게 꺼내 입을 수 있는 이 상태를 유지하려면 옷을 더 이상 사면 안 된다. 꼭 필요한 옷 한 벌을 샀다면 옷장에 걸려 있는 옷 중에 잘 입지 않은 옷 한 벌을 버리거나 나눔을 통해 비워야 한다. 그래야 기존의 편리한 상태가 유지된다. 그런데 어떤가? 구입은 하는데 배출은 하지 않는다. 여기에 충동구매가 이어진다면 이전 상태로 돌아가는 건 불 보듯 훤하다. 정리한 모습을 제대로 유지하려면 소비습관까지 바꿔야 한다.

세 번째는 **살림의 주체인 고객이 유지 방법을 모른다는 것이다.** 정리가 끝나면 기본적인 옷 개는 방법이나 전반적인 유지방법을 안내한다. 그럼에도 불구하고 평소 옷을 그렇게 접어 본 적이 없는 고객이 갑자기 그렇게 접으려고 하면 잘 되지 않는다. 시간이 걸린다. 그리고 한번 배워서는 온전한 습득이 어렵다. 물론 의지가 있다면 책이나 유튜브 등 SNS를 통해 배울 수 있는 방법은 많다. 하지만 이 런저런 구실과 더 바쁜 일을 핑계 삼아 예전 방식으로 하게 된다. 정 리 전 상태로 돌아가는 건 시간문제다.

이렇게 전문가의 도움을 받았지만 오래가지 못하는 이유는 결 국 물건을 사용하는 사람의 문제다. 정리한 모습을 유지하기 위해 서는 살림의 주체인 내가 알아야 한다. 그 어떤 도움에도 불구하고 스스로 할 수 있는 아주 작은 능력을 갖추는 것이 중요하다. 전문가 는 조력자일 뿐 편리한 상태를 유지하는 건 결국 나의 손끝에서 시 작된다. 가족을 향한 손끝으로 전하는 사랑과 배려가 있어야 한다. 이를 **손끝 정리법**이라고 이름을 붙인다.

그 능력을 갖추는 일 그리고 내가 원하는 집에 살 수 있는 시기 는 그리 멀리 있지 않다. 먼저 스스로 변화하고자 하는 마음, 의지가 있어야 한다. 조금이라도 마음이 생겼다면 아래 순서대로 천천히 따라해 보자. 한 번에 부족하다면 두 번이고 세 번이고 시도하자. 하다보면 익숙해진다. 그리고 이 방법은 정리뿐만 아니라 모든 경 우에 적용할 수 있다. 긍정적인 변화와 함께 성장을 부르는 자문자

답이다.

〈내 손으로 해야 오래가는 손끝 정리법〉

조용히 눈을 감고 내가 살고 싶고 원하는 우리 집의 모습을 그려보자. 안방, 자녀방, 서재, 거실, 주방, 욕실, 베란다… 하나씩 떠올린다. 조건이나 한계를 두지 말고 원하는 모습을 마음껏 상상하자. 우리의 뇌는 상상과 현실을 구분하지 못한다. 상상은 곧 현실이 된다. 원하는 모습을 그렸다면 이번엔 그 집에 살고 있는 모습을 생생하게 떠올려보자. 그리고 **원하는 집의 모습과 실제로 이루어졌을 때의 느낌을 구체적으로 적어보자.**

Q & A
1. 내가 원하는 우리 집은 어떤 모습인가?
그 모습이 이루어졌다고 상상해 보자. 어떤 마음이 드는가?

TIP 적을 때는 구체적일수록 좋다. 원하는 바를 이미지화하거나 글로 적는 순간 꿈을 위한 한걸음을 뗀 것이다. 시작이 반이라는 말처럼 적었으니 이미 반은 이룬 것이나 다름없다. 그림실력이나 글 솜씨와는 상관없다. 생각을 밖으로 내는 이 작업을 통해 원하는 모습 즉 목표가 더욱 또렷해진다.

Q & A
2. 현재 우리 집은 어떤 모습인가?
　원하는 모습을 10점으로 봤을 때 현재 우리 집은 몇 점인가?

TIP 우리 집을 천천히 둘러보자. 원하는 모습을 10점으로 봤을 때 현재 우리 집은 몇 점을 줄 수 있는가? 스스로 체크해보자. 어떤 마음이 드는가? 어떤 이는 성공하고 어떤 이는 실패한다. 성공한 사람은 그럼에도 불구하고 꾸준한 실천이 있었기 때문이고, 반대로 실패한 사람은 시도조차 하지 않은 것이다. '미래가 어떻게 전개될지는 모르지만 누가 그 미래를 결정하는지는 압니다'라는 오프라 윈프리의 말처럼 선택은 언제나 본인의 몫이다.

Q & A
3. 원하는 모습과 현재 우리 집의 차이를 해결하기 위한 다양한 방법을 적어보자.

TIP 원하는 모습과 현실과의 격차를 해소하기 위한 방법을 생각나는 대로 모두 적어보자. 많으면 많을수록 좋다. 그리고 바로 실천할 수 있는 작은 것부터 시작하자. 첫 번째 시도하는 일은 가능한 부담 없는 작은 일일수록 좋다. 그래야 망설임 없이 시작하고 지속할 수 있다.

Q & A
4. 3번에서 정한 방법 중 가장 빠르게 실천할 수 있는 1가지를 선택하자.
시작 일자를 적고, 스스로를 응원하는 다짐의 메시지를 적어보자.

TIP 가장 먼저 시도할 첫 번째 행동은 언제부터 할 것인지 적어보자. 날짜를 정했다면 이제 **스스로를 응원하는 메시지를 적어보자.** 그리고 소리 내어 말해보자. 이렇게 하는 이유가 있다. 왜냐하면 스스로 한 말에는 무언의 압력을 느끼기 때문이다.

혼자 하는 정리에서 **단기간에 정리의 맛을 느끼기엔 공간별 정리가 좋지만 부담 없이 시작할 수 있고 제대로 정리하기엔 물건별 정리가 좋다.** 단, 시일이 걸리기 때문에 당장 눈에 띄는 정리 효과를 보기는 어렵다. 그래서 **추천하고 싶은 방법은 공간별 정리로 정리효과를 본 후, 물건별 정리로 마무리하면 좋다.** 이미 한번 정리를 한 상태이기 때문에 쉽고 빠르게 할 수 있다.

공간별 정리 : 안방, 주방, 자녀방 등 영역별로 정리하기

물건별 정리 : 컵, 프라이팬, 니트 등 품목을 정해 정리하기

〈실행력, 유지력을 높이는 방법〉

이제 실천하고 변화될 일만 남았다. 아주 작은 것 하나부터 시작하자. 누구에게나 공평한 온라인에 나만의 집을 짓자. **정리 전후 모습과 정리하는 과정에서 버리거나 나눔한 물건이 있다면 전부 사진으로 남겨두자.** 짧게 스토리를 입혀도 좋다. 사진으로 남겨두면 좋은 이유는 어느 순간 **의욕이 꺾이거나 마음이 흔들릴 때**가 온다. 그때 사진을 보면 정리 전 모습으로 돌아가지 않으려고 **마음을 다잡게 만드는 강력한 무기**가 될 수 있다. 그리고 사진이나 목표를 **자신의 SNS에 올려 공표하면 좋다.** 공표의 힘, 선언의 힘을 볼 수 있다. 이렇게 한다고, 이렇게 시작했다고 선언하면 누군가는 보게 되어 있다. 그리고 내가 포기하고 싶은 순간에 어떻게 되고 있냐고 물어올 것에 대답하기 위해서라도 쉽게 포기하지 않는다.

SNS를 하지 않는 경우도 많다. 이럴 때 추천하는 방법이 있다. **혼자만 보는 비공개 밴드(band)를 만들어서** 거기에 올려두는 것이

다. 갤러리에 두기보다 온라인상에 나만의 집, 밴드를 활용하면 좋
다. 취미, 관심분야, 일적인 부분, 육아 등을 카테고리별로 방을 만
들어보자. 방 하나 만드는 데 1분도 걸리지 않는다. 넘쳐나는 정보
지만 정작 필요할 때 찾지 못하는 경우가 많다. 평소 도움이 될 만한
정보는 관련 밴드(방)로 옮겨놓고 틈틈이 꺼내 보면 좋다. 쉽게 할
수 있는 스크랩이다.

04
쓸수록 만족스러운 수납용품

똑똑한 수납 용품 (1)

프라이팬 정리대
- 폭 조절 가능
- 다양한 프라이팬 및 냄비 뚜껑 수납 가능
- 세워서 수납할 수 있어 편리

접시 스탠드
- 세워서 수납, 편리
- 공간 효율 좋음

저안 트레이
- 냉장고 전용 용기
- 칸막이가 있어 끼리끼리 수납
- 냉장고 깊숙한 곳 식품 파악 가능

에그 트레이
- 32구 수납
- 위생적
- 서랍형으로 편리

파일 박스
- 세워서 수납, 관리
- 공간 효율 좋음
- 큰 접시 수납에 용이함

책꽂이
- 보관용 접시가 많을 때
- 작은 가방 클러치백 등 안정적인 수납
- 다양한 활용

논슬립 패드
밀리기 쉬운 물건 아래에 깔아 사용
(미끄럼방지, 충격완화)

ex) 침대 다리 아래, 욕실 매트 아래
주방 서랍에 그릇 수납 시
접시가 미끄러질 때 등

똑똑한 수납 용품 (2)

논슬립 바지걸이
- 미끄러짐을 최소화, 걸기 쉬움
- 바지, 스카프, 넥타이, 니트 등 다양한 걸기
- 공간 절약

리빙 직사각 4호
- 직사각으로 공간활용에 좋음
- 서랍장에 넣어 아이들 옷 수납에 좋음
- 다양한 활용

리빙 직사각 2호
- 주방 서랍 정리
- 옷장 서랍 속옷, 양말, 소품 수납
- 거실장 서랍, 욕실 등 다양하게 활용

접이식 벽걸이 행거
- 공중부양 수납으로 공간활용 용이
- 공간이 부족할 때, 한 번 입은 옷 걸기

상자 활용
- 바구니 대용 활용 가능
- 구획을 나누어 다양한 활용

쇼핑백 활용
- 바구니 대용으로 활용 가능
- 옷장, 서랍장, 냉장고 등 다양한 활용

쇼핑백 활용법

상자 활용법

05
종류별 옷 개는 방법

개는 옷의 기본은 사각형을 만드는 것이다. 사각형으로 접는 이유는 **세우기 쉬워 공간 활용에 좋기 때문**이다. 수납하는 공간에 따라 옷을 크게 또는 작게 개야 하는데 **크기는 접는 횟수로 조절**할 수 있다. 옷을 크게 개고 싶다면 접는 횟수를 적게 하고, 반대로 작게 개고 싶다면 접는 횟수를 늘리면 된다.

1. 종류별 티셔츠 개기

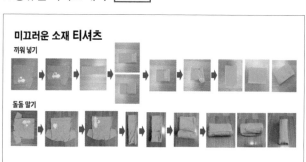

2. 종류별 속옷 개기

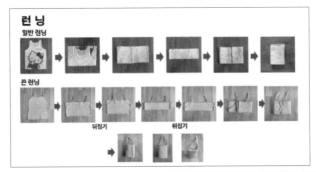

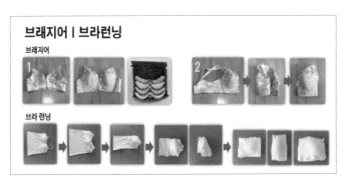

3. 바지 후드티 개기

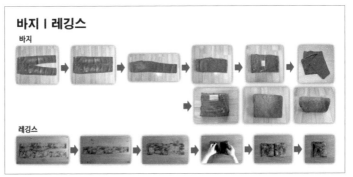

4. 양말 (일반양말, 아기양말)

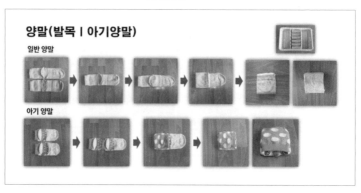

5. 양말 (캐릭터, 덧신) 및 우유팩 활용법

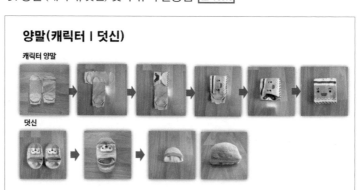

6. 수건 개기

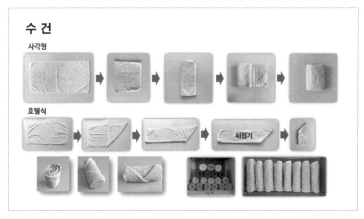

7. 한 벌 개기

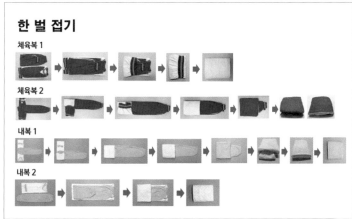

크롭티

1. 가디건 개기

2. 돌돌 말아 끼우기

3. 티셔츠

접기

끼워 넣기

4. 걸기 (논슬립 바지걸이 활용)

(세탁소 옷걸이 활용)

5. 세워서 수납

패딩 접는 법

1. 3등분, 접어서 끼우기

2. 3등분, 뒤집어서 끼우기 (안감이 겉으로)

3. 2등분 뒤집기 (숏 패딩, 안감이 겉으로)

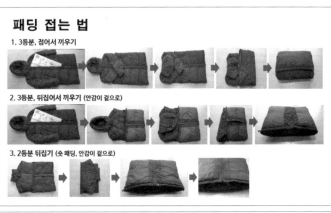

4. 돌돌 말기 (운동화 끈 활용)

주름 방지를 위해
살짝 묶음

5. 돌돌 말아서 씌우기 (스타킹 활용)

판타롱 스타킹

밴드 스타킹

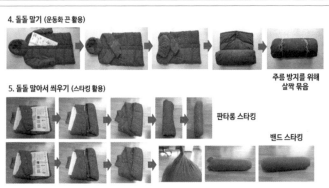

패딩 보관 (리빙박스)

뒷면

윗면

측면

✓ 보는 위치에 따라 라벨링 위치를 달리함
✓ 앞면(비닐창)보다 뒷면(천)이 보이도록 수납하면 보다 깔끔함

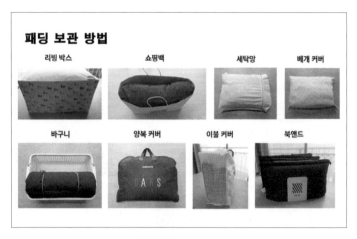

패딩 보관 방법

| 리빙 박스 | 쇼핑백 | 세탁망 | 베개 커버 |
| 바구니 | 양복 커버 | 이불 커버 | 북앤드 |

11. 쉬운 옷 개기 꿀팁

별책부록

01
100세 시대, 엄마도 진로가 필요하다

진로를 얘기하면 아이들만 생각한다. 우리 엄마도 진로가 필요하다. 왜냐하면 100세 시대이기 때문이다. 100세 시대에는 건강도 돈도 취미생활도 필요하다. 노후준비 어떻게 하고 있는가? 아이들 키우며 살다보면 노후준비라는 말은 잊고 지낼 때가 많다. 빠듯한 살림에 생각할 겨를도 여유도 없다. 하지만 해야 한다. 대단한 준비가 아니다. 내가 할 수 있는 것부터 하면 된다.

나는 지금 어떤 위치에 있고, 어떤 일을 하고 있으며, 노후를 위해 어떤 준비를 하고 있는지 생각해보자. 머릿속에만 두지 말고 꺼내보자. 나의 현주소를 적어보자. 나는 대학생 고등학생 남매를 두고 있는 엄마이자 정리수납강사로 일하고 있다. 노후에 내가 하고 싶은 것을 하며 사는 행복한 삶을 위해 꾸준히 자기계발 중이다. 노후에는 최소한의 노력과 일하지 않아도 들어오는 자동화 수익 즉 패시브인컴을 늘리기 위해 책을 읽고 강의를 들으며 하나씩 시도하고 있다. 세상에 거저는 없다. 시간이든 돈이든 투자가 필요하다. 배우려는 의지만 있으면 방법은 무궁무진하다.

삶을 영위함에 있어 최소한의 돈은 있어야 한다. 최소한의 돈은 저마다 다르겠지만 기본적인 생활을 영위하는 데 있어 꼭 필요하다. 연령, 계층 상관없이 누구나 일할 수 있고 돈을 벌 수 있는 시대가 되었다. 바야흐로 1인 기업 시대가 열렸다. 1인 기업은 말 그대로 나 혼자 하는 사업이요 비즈니스다. 우리는 이미 1인 기업가나 다름없다. 무엇을 가지고 할 것인가?

누구에게나 잘 하는 것 한두 가지쯤 있다. 없다고 생각하는가? 그렇다면 지나친 겸손이다. 나 또한 그랬다. 여기서 잘 한다는 건 남들보다 조금 나은 것을 말한다. 내가 초보라고 생각되면 왕초보를 가르치면 된다. 나보다 못하는 사람을 가르치면 된다. 왕초보에게는 그 어느 전문가의 말보다 초보의 말이 더 와닿을 수 있다. 초보가 왕초보를 더 잘 가르칠 수 있다. 수많은 수강생을 만났고 또 만나고 있다. 저녁시간에 만나는 수강생들은 대부분 자기 일을 하고 있는 경우가 많고, 낮 시간에는 전업주부인 경우가 많다. 사람에 따라 다르지만 대체로 전업주부의 경우, 능력이 없어 집에서 논다는 표현을 하는 분들이 많다. 아니다. 주부는 대단하다. 왜냐하면 사람을 살리는 살림을 하고 있기 때문이다. 매일 가족을 살리는 대단한 일을 하고 있다. 자부심을 가져도 좋다.

무더위가 기승을 부리던 지난해 8월, 개강이 있는 날이었다. 곱게 차려입은 한 분과 같은 엘리베이터를 탔다. 같은 층이다.

"정리수납 배우러 오시는 거예요?"

"네, 강사님이시구나!!"

마스크 너머 미소마저 고우신 분이셨다. 수강신청서를 보고 놀라지 않을 수 없었다. 80세셨다. 박 선생님이 오시기 전까지는 71세가 최고였는데 기록을 경신했다. 분명 어르신인데 어르신이란 말이 어울리지 않을 정도로 단아한 매력이 넘치는 분이셨다. 수업이 진행되면서 정리전후 사진이 속속 올라온다. 매주 배운 내용을 토대로 올라오는 정리 전후 사진에 다시 한 번 놀랐다. 젊은 사람 못지않은 정리솜씨는 물론 비우고 나눔에도 적극적이셨다. 정리한 모습을 나누는 과정에서 깊은 감동과 함께 동료 수강생들의 귀감이 되었다. 장바구니를 들고 다니시며 환경을 생각하는 진정한 살림꾼이셨다.

"쓰레기봉투는 뒤 베란다에 걸어두고 쓰는 편입니다. 외출 때마다 장바구니를 항상 지참했더니 확실히 집에 비닐이 적네요. 비닐에 담아줄 때 사양하면 상대방도 환경운동에 동참하는 게 되고 좋아하신답니다." 80세 수강생의 말씀이다. 30년이 넘은 옷이지만 여전히 설레는 옷, 그 옷을 꾸준히 입고 싶어 지금까지도 몸을 관리하는 분이셨다. 사용하는 물건을 일부러 조금 높은 곳에 두고 발뒤꿈치를 들면서 스트레칭 효과를 본다고 하셨다. 흐트러짐 없는 꼿꼿한 자세며 생활 전반에 녹아 있는 습관이, 드러나는 모습에서 고스란히 느껴졌다. 80세 하면 아무리 좋아하던 살림도 귀찮아지고 힘들어서 놓게 되는데 이 연세에 정리를 배우러 오신다는 것부터가 감동인데 매번 수업이 기다려진다는 말씀이 강사는 물론 함께한 동료들에게 존경을 넘어 설렘을 선물해주셨다. 지금도 선생님의 야무진 살림솜씨가 눈에 선하다. 선명하게 그려진다.

살림하는 전업주부 시절이 있었기에 나의 오늘도 있는 거다. 나는 46살에 정리수납 일을 시작했다. 어릴 때부터 잘하고 좋아하는 일이었다. 80세 어르신도 배움을 게을리 않는 100세 시대요 평생교육시대다. 내가 하는 일이, 취미가 곧 직업이 되는 세상이다. 그리고 나의 아주 작은 재능일지라도 누군가에는 큰 힘이 될 수 있다. 썩히지 말자. 나누는 이타적인 삶은 부의 시작이자 통로가 된다. 하나는 또 다른 하나를 낳는다. 작은 나눔이 씨앗이 되어 더 많은 사람들에게 도움을 줄 수 있게 되고 부는 자연스럽게 따라온다. 나의 적성과 재능을 발견하는 시간을 가져보자.

생각만 하지 말고 내가 좋아하는 것과 잘하는 것을 적어 보자. 이번엔 중복된 부분을 체크하자. 중복된 부분은 내가 좋아하는 동시에 잘 하는 것이다. 여기에서 시도할 수 있는 작은 것 하나부터 시작하면 된다. 이 일은 곧 나의 적성을 살린 천직이 된다. 남과의 비교가 아닌 먼 안목을 가지고 나만의 보폭으로 가자. 그 첫발을 내딛는 오늘이 되면 좋겠다.

Q & A

1. 좋아하는 것 :

2. 잘 하는 것 :

3. 중복되는 것 :

4. 중복되는 것 중에서 지금 내가 할 수 있는 것 :
　(망설여진다면 타인에게 좋은 것을 먼저 하자)

02
내 아이 나처럼 키우고 싶지 않다면

"저, 정말 정리 안 되는데요, 저는 그냥 살던 대로 살면 되는데 애들이 저를 닮을까 봐 걱정돼요." 수강생들로부터 자주 듣는 얘기다. 보고 자란 것이 무섭다는 말이 있다. 먹고살기 바빴던 부모님 세대였기에 자식들도 제대로 배울 기회가 없었다. 때문에 지금 정리를 못하는 건 어쩌면 당연하다. 그럼에도 불구하고 내 자식에게까지 대물림될까 봐 걱정하는 부모님이다. 저녁 수업의 경우 엄마가 첫 수업을 듣고 자식들이 꼭 들어야 한다며 직장 생활을 하는 아들과 딸을 데리고 오는 경우가 있다. 대부분의 부모들이 정리 안 한다고 꾸중을 하지만 뒤에서는 자책을 하는 경우가 많다. 내가 못해서 내가 가르치지 않아서 그렇다고 말이다. 세 살 버릇 여든까지 간다고 미리 배우고 익히면 좋지만 늦은 때란 없다. 필요하다고 인지한 순간 실천으로 옮기면 된다.

학부모 강의를 갔을 때의 일이다. 강의 내내 고개를 끄덕이며 공감하던 학부모가 있었다. 마치고 나오는데 한 학부모님이 여쭤볼 게 있다며 뒤따라 나오셨다. 정리를 좋아해서 평소 그렇게 한다는 분이셨다. 사연인즉은 본인은 힘들게 정리하는데 남편과 아이들이 옷을 꺼낼 때 이 옷 저 옷 꺼내고는 제자리에 돌려놓지 않아 심한 스트레스를 받는다는 거였다. 격앙된 목소리에서 스트레스 정도를 가늠할 수 있었다. 엄마만큼이나 남편이나 아이들의 스트레스도 또한 짐작이 된다. 좋지 않은 줄 알면서도 매사 좋은 말보다 짜증 섞인 말이 먼저 나간다며 고민을 토로하셨다.

애써 정리된 모습이 흐트러지면 속상하다. 정리를 하는 목적에 대해 여쭸다. 편리보다 깔끔함에 집중하고 있었다. 여기서 생각해 봐야 한다. 정리를 위한 정리가 되어서는 안 된다. 깔끔하게 정리된 모습이 좋은 엄마 자신의 만족을 위해 가족들에게 스트레스를 준다면 정리에 대한 부정적인 감정이 먼저 생긴다. 정리된 환경이 주는 긍정적인 효과를 기대하고 싶다면 남편이나 아이로 하여금 정리를 스트레스로 받아들이게 해서는 안 된다. 그러려면 완벽한 정리보다 쉬운 정리여야 한다.

학부모의 경우, 지금처럼 모두에게 스트레스를 주는 정리라면 의미가 없다. 서랍장에 종류별로 제자리가 정해진 만큼 예쁘게 개거나 세우지 않더라도 그 자리에 넣기만 하면 되는 쉬운 정리로 시작하자. 익숙해지면 단계를 올리자. 작게라도 긍정적인 효과를 본다면, 또 학년이 올라갈수록 차츰 좋아진다. 기대수준을 낮추자. 완벽하지 않아도 된다. 그리고 처음부터 완벽이란 없다. 과정을 위한 시간이 필요하고 투자한 시간만큼 결과로 이어진다.

완벽주의 엄마가 저지를 수 있는 실수가 있다. 아이나 남편이 한 모습이 마음에 들지 않기 때문에 하나부터 열까지 전부 직접 한다는 거다. 본인 스스로의 만족은 있을지언정 가족들은 정리할 기회조차 가지지 못한다. 완벽주의 엄마 밑에 있는 아이가 의외로 정리를 못하는 경우가 여기에 해당된다. 반대로 정리를 못하는 엄마도 마찬가지다. 내 아이에게 좋은 습관을 만들어주고 싶다면 교육, 책, SNS 등을 통해 먼저 배우고 작은 것부터 실천하자. 교재처럼, 모델하우스처럼이 아닌 나에게 맞는 나만의 보폭으로 하나씩 실천하자. 함께하면 좋지만 부득이 엄마가 정리를 했다면 가족들에게 정리한 모습을 보여주고 유지할 수 있도록 도움을 요청하자. 자연스럽게 따라올 수 있다.

완벽한 모습이나 조급증은 금물이다. 대신 지금 할 수 있는 최소한의 것을 포기하지 않고 꾸준히 하는 게 중요하다. 작심삼일이 되어도 좋다. 작심삼일을 반복하다 보면 습관이 된다. 내 아이 나처럼 키우고 싶지 않다면, 기대수준은 낮추되 기회는 많이 주자. 아이에게 정리는 무조건 쉬워야 한다. 쉬운 정리, 작은 정리부터 시작하자.

03
기질에 따라 정리방법도 달라져야

성장하고 싶다면 서로 다른 기질을 가까이 하려는 노력이 필요하다. 사람의 타고난 기질은 모두 다르다. 비슷한 사람은 있지만 똑같은 사람은 없다. 하물며 한 뱃속에서 나온 형제도 다르다. 서로 다르기에 더불어 살아갈 힘을 얻고 재미가 있다. 성격유형별 공부법, 성격유형별 양육태도, 성격유형별 직업 등 성격을 활용한 다양한 적용점이 흥미를 더하고 있다.

정리도 마찬가지다. 정리를 좋아하는 사람도 있고 싫어하는 사람도 있다. 좋아해서 잘하는 사람이 있는가 하면 싫어해서 시도조차하지 않은 사람이 있다. 좋아하지만 시간이 여의치 않아 못하는 사람이 있는가 하면 싫어하지만 어떠한 일을 하기 위한 환경설정으로 마지못해 정리하는 사람도 있다. 즐기며 하느냐 마지못해 하느

냐에 따라 나타나는 성과도 확연히 다르다. 분명한 건 좋아하는 일은 어떠한 여건으로 인해 전념하지 못한다 하더라도 그 사람의 생활 속에 녹아 있다는 것이다. 그리고 그 일이 결코 힘들거나 버거운 일이 아니라는 점이다. 많이 하고 적게 하는 경중의 문제가 아니라 좋아하고 즐기며 할 수 있는 적성에 맞느냐는 것이다.

정리수납전문가를 양성하는 현장실습 강사로 활동하고 있다. 정리수납컨설팅은 대부분 팀으로 이루어진다. 물건의 양이 곧 일의 양이며 여기에 따라 인원이 결정된다. 팀워크가 좋아야 진행이 빠르고 마무리도 매끄럽다. 나는 일적인 면보다 관계적인 면을 먼저 생각한다. 왜냐하면 일은 연습하면 잘 할 수 있다. 그러나 사람을 대하는 관계적인 면은 결코 쉽지 않다. 기질이나 성격을 두고 바꿀 수 있다 없다 말이 많다. 어느 정도까지는 바꿀 수 있다는 입장이다. 다만 일을 배우는 시간보다 그 속도는 훨씬 더디다. 바뀌더라도 시일이 걸린다. 그래서 상대방에 대한 이해가 필요하다.

실습 영역을 정할 때 가끔씩은 자원을 받기도 하지만 대부분은 직접 팀 구성을 해주는 편이다. 팀을 구성할 때에는 기질을 적절히 반영한다. 100%는 아니지만 결과는 늘 만족스러웠다. 현장실습과 정뿐만 아니라 평소 수업 중에도 활용을 많이 하는 편이다. 테스트를 하지 않아도 개강 첫날 자기소개와 함께 어느 정도 시일이 지나면 대략의 성향이 드러난다. 물론 생각했던 것과 다를 때도 있다.

내 집 정리를 위주로 하는 과정은 정리초보인 경우가 많다. 여기에는 성향이나 연령 등 전반적인 부분을 감안한 부드러운 피드백을 하는 편이다. 하지만 전문가로 활동하려는 분들이 참여하는 과정에서는 전반적으로 강하게 하는 편이다. 어렵게 배우고 힘들었던 기억이 오래가는 걸 알기 때문이다. 첫 단추가 중요하기 때문이다. 그런데 똑같은 피드백을 두고도 기질마다 다르게 받아들인다. 어떤 기질은 전하려는 의미대로 받아들이는가 하면 어떤 기질은 상처를 받기도 한다. 이 또한 틀린 게 아니라 다르기 때문이다.

이렇게 일적인 부분뿐만 아니라 정리를 비롯한 일상생활에서도 접목하면 도움 되는 기질에 대해서 알아보자. 히포크라테스의 기질 테스트는 고대 철학자이자 의사였던 히포크라테스가 만든 것으로 사람의 체내에서 분비되는 체액에 따라 다혈, 담즙, 우울, 점액질의 4가지 기질로 분류했다. 대부분의 사람들은 4가지 기질을 모두 가지고 있다. 4가지 기질 중 가장 많은 부분을 차지하는 기질을 주기질이라고 하고, 두 번째를 보조기질이라 부른다. 같은 주기질이지만 그 숫자에 따라 다르고 또 주기질의 숫자가 동일하다고 하더라도 보조기질이 무엇인지에 따라서도 다르다. 타고난 기질을 알아두면 이해의 폭이 넓어져 부모 자식 간 뿐만 아니라 조직 내에서도 훌륭한 소통 도구가 될 수 있다. 소통은 곧 성과로 이어진다. 기질에 따라 정리하는 방법도 다르다. 정확한 건 검사를 해야 알겠지만 아래 기질별 특징을 보고 나는 어디에 속하는지 보자. 그리고 우리 집을 정리할 때 어떻게 하면 효과적일지도 챙겨보자. 다혈질과 담즙질은 외향적이고 우울질과 점액질은 내향적이라고 볼 수 있다. 하나씩 살펴보자. 아이를 키우는 부모라면 육아에 접목해도 좋다.

첫째 담즙질이다. 리더십이 있고 의지력이 강하며 추진력이 좋다. 어떤 일을 하더라도 성과나 목적이 있어야 한다. 여행을 가도 얻는 게 있어야 가는 사람이다. 사적인 것보다 공적인 것을 중요시하며 성과를 많이 내는 만큼 스트레스도 많다. 부분보다 전체 즉 나무보다 숲을 보는 안목이 있다. 사업가나 정치인에게서 많이 나타나는 기질이다. 자기주장이 강하다. 담즙질의 숫자가 많은 사람은 의도와는 달리 말로 상처를 줄 가능성이 크다. 숫자에 따라 다르긴 하지만 이모티콘을 거의 사용하지 않는다. 하물며 느낌표나 물음표, 흔한 웃음 표시도 없다. 성과에 치중하다보니 감정이 메마른 편이다. 음악을 싫어하고 특별한 목적 없이 카페에 가는 건 시간낭비라고 여기는 경우가 많다.

TIP 스스로 잘 헤쳐 나가는 사람으로 일 중심, 성과 중심이다. 동기부여를 위해 정리로 성과를 낸 기존의 사례를 보면 좋다. 시작하면 끝까지 밀고 나가는 스타일이다. 이미 다른 일로 바쁠 가능성이 크기 때문에 상대적으로 정리로 인한 성과가 적을 때는 중도에 포기할 수 있다. 그래서 기존에 하던 일이 방해받지 않는 선에서의 적절한 시간 할애가 좋다. 디테일한 정리보다 종류별로 분류하는 큰 틀을 잡아 편리한 정도면 된다. 담즙질은 단체 활동 시 리더 역할이 효율적이며 다만, 팀원 및 동료들에게 상처가 되지 않도록 역지사지의 마음으로 배려하자. 그리고 공적인것을 중요시하고 목표중심적이라 스트레스가 많은만큼 나만의 스트레스 해소법을 알고 건강을 챙겨야 한다. 가족과 함께 하려는 의도적인 노력도 필요하다.

둘째는 다혈질이다. 무대 체질이다. 목소리가 크고 리액션이 좋아 어딜 가더라도 눈에 잘 띈다. 스치는 인연도 모두 친구를 만들 수 있을 만큼 사교성이 좋다. 호기심이 많아 시작은 잘 하지만 흥미시간이 짧아 마무리가 어렵다. 아이디어와 잔재주가 많다. 사람을 좋아하고 정이 많아 나누려는 마음에 항상 가방은 무겁고 복잡하다. 호기심에 비해 꼼꼼함은 덜하다. 애교가 많고 표현을 잘하는 사람들이 여기에 속한다. 이 기질은 화장실에 갈 때도 친구를 데리고 가는 스타일이다. 귀가 얇은 경우가 많다. 마당발이 많고 위하는 마음이 크기 때문에 영업하는 사람의 입장에서 다혈질 고객이 있으면 알아서 홍보를 해주기 때문에 영업에 날개를 달 수 있다. 뒤끝이 없고 유쾌·상쾌·통쾌하며 에너지가 많다.

TIP 사람을 좋아해 집보다는 외부 활동이 많다보니 마음은 있지만 정리할 시간이 없다. 끈기가 부족해 마무리는 힘들지만 다행히 호기심이 많아 시작은 잘한다. 사람을 좋아하는 특성을 살려 **내 기질을 보완해줄 수 있는 사람과 함께 배우면 좋다.** 추천하는 기질은 정리에서는 상반되는 우울질이다. 우울질은 정리를 좋아하고 끈기와 책임감이 강하다. 어떤 문제에 부딪혔을 때 해결사 역할도 서슴지 않는 만큼 끝까지 차분하게 나를 잘 잡아주는 코치 역할을 해 줄 수 있다.

흥미시간이 짧은만큼 잘 마무리하기 위해서는 계획을 세우고 **정리하는 시간을 짧게 잡는 편이 효과적**이다. 일이 끝나고 나면 스스로에 대한 보상이나 주변의 칭찬이 동기부여에 큰 도움이 된다. 이 외에도 사람을 좋아해 바깥활동이 많은 만큼, 가능한 한 **외출하기 전 작은 부분이라도 정리를**

하고 그에 대한 보상으로 외출을 계획하는 것도 방법이다. 할 일을 **메모하는 습관**을 들이자. 탁상달력이나 다이어리에 한 줄 메모나 체크표시 등으로 본인의 성과를 확인할 수 있으면 습관형성에 좋다. 실천보다 말이 앞서는 경향이 있는 만큼 지금 당장 할 수 있는 작은 정리부터 시작해보자.

셋째는 우울질이다. 매사 계획적이고 분석적이며 깔끔한 성격으로 완벽주의자가 많다. 재능이 많고 한 분야를 파고드는 성향이 있어 학자나 예술가 등 분야의 전문가에게 많은 기질로 정리파이다. 혼자만의 시간과 공간을 즐긴다. 정리를 좋아하고 잘하는 사람들이 이 기질의 숫자가 월등히 높은 걸 볼 수 있다. 약속을 잘 지키고 갈등이 생겼을 때 중재를 잘하는 해결사 역할을 하기도 한다. 많은 사람을 사귀기보다는 좁고 깊게 사귀는 편이며 매사 진지하고 진솔함으로 인해 관계가 오래간다.

TIP 말하지 않아도 스스로 알아서 정리한다. 사람에 따라서는 **스트레스를 정리와 청소로 해소한다고** 할 정도로 정돈된 환경을 좋아한다. 모든 일은 철저한 계획하에 이루어지며 **완벽한 정리를 추구하다보니 가족이 스트레스를 받을 수 있다.** 살림과 일 어느 것 하나 놓치지 않으려는 마음으로 몸이 힘들 수 있다. 워킹 맘이거나 별도의 일이 있는 분이라면 오히려 정리를 조금 내려놓으려는 노력이 필요하다. 편리하자고 하는 정리지만 정도가 지나치다보면 건강을 해칠 수 있기 때문이다. 하루 종일 집에 있어도 지겹지 않으며 혼자 보내는 시간을 즐긴다. **정리에 힘을 빼고 별도의 취미생활을 가지면 삶의 만족도가 올라갈 수 있다.** 다수가 함께하는 일보다는 **소수정예 또는 1:1 코칭 방식으로 진행하면 더 나은 성과**를 낼 수 있다. 단체 활동에서는 리더십보다 **디테일을 담당**하면 효과적이다.

넷째는 점액질이다. 상대방의 이야기를 잘 들어주며 따뜻함이 넘치는 평화주의자다. 흔히 말하는 법 없이도 살 사람이다. 봉사활동을 하거나 중재자 입장의 상담가가 많다. 논쟁이나 경쟁을 싫어하고 큰 욕심 없이 지금에 만족하며 평온을 추구한다. 그만큼 동기부여가 어렵다. 다만 동기부여가 되면 끝까지 밀고 나가는 스타일이다. 나서기보다는 한 발자국 뒤에서 따라가는 스타일로 변화를 싫어하며 우유부단하다. 동양인의 70%를 차지한다는 기질이다. 속내를 겉으로 드러내기보다는 속으로 삭히는 편이라 마음이 힘들 수 있다. 상처를 잘 받는다.

TIP 해도 되고 안 해도 되는 **지금에 만족하는 사람이라 정리에 대한 의욕이 부족하다.** 이런 사람이 정리를 꼭 하고 싶다면 먼저 동기부여가 필요하다. 전반적인 면에서 나와 반대기질이라고 볼 수 있는 **담즙질과** 함께하면 좋다. 담즙질은 따뜻한 마음은 부족하지만 내 일이든 상대방 일이든 성과를 내고자 하는 뚜렷한 목표와 추진력이 있기 때문에 함께한다면 확실한 도움을 받을 수 있다. 다만 담즙질의 특성인 동기부여를 위해 하는 다소 강한 표현으로 상처를 받을 수도 있다. 하지만 성장의 지름길이라 생각하고 **끝까지 함께하면 확실히 원하는 모습으로 바뀔 수 있다.** 계획을 실천하고 성과를 내기 위해서는 **함께하는 동료나 롤모델 또는 멘토**가 있으면 좋다. 온라인으로 배워도 좋지만 **집 밖으로 나와 동료와 함께 배우는 게 좋다. 자극과 동기부여가** 필요하다.

정리는 했지만 가족이나 함께하는 이들로 유지가 어려울 때 불편한 마음을 속으로 삭히지 말자. **불편한 마음을 적극적으로 표현하고 도움을 요청하면서 함께하는 게 좋다.** 혼자 삭히다보면 화가 쌓여 폭발하게 되고 결국 서로에게 해가 된다. 바로바로 풀어내려는 노력이 필요하다. 그래야 오래도록 함께하는 건강한 삶을 살 수 있다.

이렇게 4가지 기질의 특성 및 정리 시 적용점을 살펴보았다. 나는 어떤 기질에 속하는가? 기질의 좋고 나쁨은 없다. 다만 다를 뿐이다. 서로 다른 기질로 인해 동일한 상황을 놓고도 서로 다르게 보는 것이다. 이런 기질은 일을 떠나 육아나 일상생활 전반에 걸쳐 잘 접목하고 활용한다면 효율을 배가시킬 수 있다. 백인백색이다. 정리할 집의 구조, 정리할 물건, 물건을 정리할 사람의 성향은 각기 다르다. 정리 잘하는 옆집 언니나 동생과 나는 다르다. 비교의 잣대 대신 나만의 보폭으로 천천히 가면 된다.

그리고 기질에 상관없이 롤모델이나 멘토가 있으면 좋다. 다만 멘토는 어디까지나 조력자다. 도움은 줄 수 있지만 결국은 내가 해야 한다. 어떤 일을 성공하고 못하고의 차이는 언제나 꾸준히 하는 힘이다. 지금까지도 잘 살아 왔지만 올해를, 한 단계 성장하는 원년으로 삼고 이전보다 업그레이드된 삶, 꿈꾸는 삶을 생생하게 그려 보며 다시 살기에 도전해보자.

사람은 누구나 자신과 비슷한 사람에게 끌리게 마련이다. 그래서 만나는 사람들도 비슷한 사람이 많다. 편안함은 있지만 발전은 덜하다. 성장을 꿈꾸고 있다면, 이전과는 조금 다른 삶을 살아보고 싶다면, 나를 바꿔보고 싶다면 나와 비슷한 사람이 아닌 다른 기질을 가진 사람과 함께하는 시간을 늘려보자. 처음엔 어색하겠지만 이내 적응이 된다. 나의 단점이 상대방에게는 장점이 될 수 있고, 반대로 상대방의 단점이 나에게는 꼭 필요한 장점이 될 수 있다. 서로 다른 만큼 배울 점이 많고 알아가는 즐거움에 삶에 활력이 생긴다. 활력은 곧 긍정적인 변화로 이어진다. 지금까지 시도하지 않았다면 이 책이 변화와 성장을 위해 한걸음 내딛는 계기가 되었으면 하는 기대가 있다. 그리고 힘차게 응원한다.

행복한 정리로 빛나는 인생 2막,
지금 시작하세요!

정리와 메모, 식물을 무척이나 좋아한다. 결혼하고 전업주부가 되면서 집에 정성을 들였다. 아이들과 식물은 하루가 다르게 자라며 기쁨을 주었고 흘려보내기 아쉬워 틈틈이 일상을 남기기 시작했다. 그렇게 글이 차곡차곡 누적되다보니 언제부턴가 책을 내고 싶다는 꿈이 생겼고 비밀번호를 모두 출간으로 설정했다. 로그인을 하며 하루에도 몇 번씩 보고 적고 말하던 꿈을 2021년 12월에 이뤘다. 『어머니, 당신이 희망입니다』(공저)가 나왔고, 이번에 두 번째 책이다.

정리수납강사가 되지 않았더라면 책을 낼 수 있었을까? 생각해보니 확신이 들지 않는다. 여전히 정리는 잘 하는 사람이지만 그 자리에 머물러 있었을 것이다. 미국의 유명한 사업가이자 동기부여가 짐 론은 '내가 가장 많은 시간을 함께 보내는 다섯 사람의 평균이 곧 나 자신이다'라고 했다. 강사활동과 공부를 하면서 만나는 사람들이 많이 바꿨다. 이는 무한 자극과 동기부여로 이어져 매일 조금씩 성장하는 사람이 되었다.

이 순간 떠오르는 첫 번째 얼굴은 엄마다. 왜냐하면 정리수납강사로 서는 데 결정적인 역할을 하셨고 빛나는 인생 2막을 열어주셨기 때문이다. "엄마, 좋은 습관 물려주신 것도 모자라 당신 딸이 자랑스럽다고 늘 칭찬해 준 덕분에 강사도 되고 책도 냈네. 우리 엄마 김태임 여사님 고맙고 사랑합니다!"

만학도에 책 쓴다고 늦도록 스터디카페에 있을 때, 전념할 수 있도록 배려해준 남편에게 이 자리를 빌려 고맙다는 말을 전하고 싶다. 그리고 지난 몇 년 동안 도대체 공부는 언제 끝나냐고 묻는 딸아이에게 돌아가는 대답은 한결같았다. "공부는 끝이 없지. 엄마는 성장하는 공부가 좋아!" 그 사이 두 꼬마는 고등학생이 되고 대학생이 되었다. 그 점 미안하고 또 고맙다.

언제나 곁에서 힘이 되어주는 동료 강사, 송기원 교수님을 비롯한 코칭스터디 멤버들, 맛있는 음식으로 응원해준 아래층 후배 그리고 코로나가 한창이던 때 온라인 책쓰기 과정으로 출간의 꿈을 키워주신 드림코치 이창현 작가님과 마음으로 응원해주신 모든 분들에게 진심으로 감사드린다. 무엇보다 지난 9년 동안 성장의 밑거름이 되어준 우리 수강생분들을 비롯해 좋아요와 댓글로 힘을 주신 유튜브 구독자 및 시청자께도 진심으로 감사드린다. 매일 아침 글을 쓸 수 있도록 줌을 열어주신 공감 출판 최원교 대표님과 함께한 동료들, 나의 아지트 스터디카페에도 감사드린다. "감사합니다! 덕분입니다!"

책을 쓰면서 시종일관 모은 마음이 있다. 정리를 어려워하는 분들과 무언가를 시도하고 시작하려는 분들이 용기로운 한걸음을 내디딜 수 있도록 힘을 실어주는 마중물 역할이 되었으면 하는 바람이다. 정리는 밥이다. 밥 먹듯 매일 해야 한다. 다만 어렵고 힘들어 마지못해 하는 게 아니라 맛있는 것을 먹고 좋은 곳에 갈 때의 즐거움과 설렘을 주는 정리요 살림이면 좋다.

지금까지의 경험이 인증하듯 무슨 일이든 잘하고 못하고의 문제가 아니라 꾸준히가 답이라는 것을 잘 안다. 작지만 나의 지식과 경험을 나눔에 단 한사람에게라도 도움이 될 수 있다면 충분하다. 그리고 여전히 사람을 살리는 살림을 알리는 정리 메신저의 삶을 생각한다. 밥 먹여주는 정리는 밥 먹듯이 해야 한다. 정리는 밥이요 정성이다. 나는 오늘도 정성을 담는다.

시간과 돈을 벌어 주는
딱 쉬운 정리법

1판 1쇄 인쇄 | 2022년 4월 25일
1판 2쇄 발행 | 2023년 9월 11일

지은이 | 김주현

펴낸이 | 최원교
펴낸곳 | 공감

등   록 | 1991년 1월 22일 제21-223호
주   소 | 서울시 송파구 마천로 113
전   화 | (02)448-9661 팩스 | (02)448-9663
홈페이지 | www.kunna.co.kr
E-mail | kunnabooks@naver.com

ISBN 978-89-6065-315-3   03320